DUZ-EDITION

Achim Westebbe/Ekkehard Winter/Oliver Trost

Hochschul-Sponsoring

Ein Leitfaden für die Sponsoringpraxis an Hochschulen

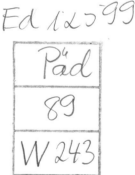
RAABE
NACHSCHLAGEN – FINDEN

RAABE Fachverlag für Wissenschaftsinformation
Ein Unternehmen der Klett-Gruppe

RAABE
Fachverlag für Wissenschaftsinformation
Ein Unternehmen der Klett-Gruppe
Königswinterer Straße 418, D-53227 Bonn
Postfach 30 11 55, D-53191 Bonn
Telefon: 02 28/9 70 20-0
Telefax: 02 28/9 70 20-10

Die Deutsche Bibliothek – CIP-Einheitsaufnahme

Westebbe, Achim:
Hochschul-Sponsoring : ein Leitfaden für Sponsoringpraxis an Hochschulen / Achim
Westebbe ; Ekkehard Winter ; Oliver Trost. – Stuttgart ; Berlin ; Bonn ; Budapest ; Düsseldorf ;
Heidelberg ; Prag ; Wien : Raabe 1997
   ISBN 3-88649-336-9
NE: Winter, Ekkehard:; Trost, Oliver:

Redaktion: Susan Steffen, Sigrid Wischer
Satz: Fotosatz Sauter GmbH, Donzdorf
Druck: Rondo-Druck, Ebersbach-Roßwälden
Buchbindung: Hans Waidner GmbH, Fellbach
Auslieferung: Stuttgarter Verlagskontor, Stuttgart
Printed in Germany
ISBN 3-88649-336-9

RAABE
Stuttgart
Berlin   Bonn   Budapest   Düsseldorf   Heidelberg   Prag   Wien

Geleitwort

Seit über 75 Jahren mobilisiert der Stifterverband für die Deutsche Wissenschaft private Mittel für Wissenschaft und Hochschulausbildung. Als Gemeinschaftsaktion der Wirtschaft sammelt er Spenden für die Selbstverwaltungsorganisationen der Wissenschaft (Deutsche Forschungsgemeinschaft, Max-Planck-Gesellschaft, Deutscher Akademischer Austauschdienst, Alexander-von-Humboldt-Stiftung und Studienstiftung des deutschen Volkes) sowie für eigene Programme, die in erster Linie den Hochschulen zugute kommen. Als Stiftungsakquisiteur berät er Stifter und nimmt wissenschaftsfördernde Stiftungen in seine treuhänderische Verwaltung auf. Darüber hinaus zeichnet er für die Forschungs- und Entwicklungsausgabenstatistik im Bereich der Wirtschaft verantwortlich und führt Erhebungen zum Spendenverhalten von Unternehmen durch.

Wenn – was Untersuchungen und Erfahrungen belegen – das Spendenvolumen in Deutschland insgesamt gesehen stagniert, stellt sich mit Blick auf die Wissenschaft die Frage, ob sie einen höheren Teil des Gesamtvolumens abschöpfen kann, oder neue private Finanzierungsquellen ins Aufge gefaßt werden müssen.

Da mehr und mehr Unternehmen ihre Fördertätigkeit kommunikativ, d. h. für ihre Außendarstellung nutzen wollen, kommt dem Sponsoring eine wachsende Bedeutung zu. Auch die Wissenschaftseinrichtungen und insbesondere die Hochschulen, um die es in dem vorliegenden Band geht, müssen sich darauf einstellen. Der Stifterverband hat dies bereits zu einem Zeitpunkt erkannt, an dem das Wissenschafts-Sponsoring in Deutschland noch praktisch völlig unbekannt war. So hat er seit 1992 Seminare zu diesem Thema durchgeführt und in den Jahren 1993 und 1994 die Studie von Arnold Hermanns und Carsten Suckrow gefördert, die 1995 unter dem Titel „Wissenschafts-Sponsoring" in der DUZ-Edition erschienen ist. Diese Untersuchung wird auf den folgenden Seiten sehr häufig zitiert und zwar nicht zuletzt deshalb, weil sie bisher die einzige zur Verbreitung des Wissenschafts-Sponsoring an Hochschulen im deutschsprachigen Raum ist.

Es ist ein Arbeitsprinzip des Stifterverbands, mit seiner Förderung auf Beispiele guter Praxis im Hochschulbereich hinzuweisen. Es lag daher nahe, die Hochschulen nach Beispielen aus der Praxis zu befragen und diese so aufzubereiten, daß andere sich daran orientieren können. Angesichts der großen Unerfahrenheit im Hochschulbereich beim Umgang mit dem Instrument des Sponsoring erschien es dabei notwendig, den Beispielen, die im zweiten Hauptteil des vorliegenden Bandes dokumentiert sind, einen Theorieteil voranzustellen, um die Charakteristika von Sponsorships herauszuarbeiten. Durch die Checklisten im Anhang führt dieser Teil aber unmittelbar in die Praxis über.

Ich wünsche dem Buch weite Verbreitung und hoffe, daß sich viele Hochschulen und Hochschulangehörige von den dort vorgestellten Beispielen zu eigenen Sponsoring-Maßnahmen anregen lassen werden. Dies umso mehr, als die Hochschulen bei der Umsetzung von Sponsorships sehr viel mehr gewinnen können als Mittel zur Finanzierung von Projekten. Eine zunehmend partnerschaftliche Annäherung von Wissenschaft und Wirtschaft wäre ein solcher Gewinn mit Aussicht auf reiche Zinsen in der Zukunft. Dem Stifterverband als Mittler zwischen Wirtschaft und Wissenschaft liegt dieser Aspekt natürlich besonders am Herzen.

Prof. Dr. Manfred Erhardt
Generalsekretär
Stifterverband für die Deutsche Wissenschaft, Essen

Vorwort der Verfasser

Die diesem Buch zugrunde liegende Umfrage des Stifterverbandes wurde von den beiden ersten Autoren, Achim Westebbe und Ekkehard Winter, im Sommer 1995 durchgeführt. Die Auswertung der Erhebung und weiterführende Recherchen wurden im Wesentlichen von Oliver Trost im Rahmen seiner Diplomarbeit vorgenommen; er hat auch die Darstellung der Beispiele in Kapitel 6 verfaßt. Der theoretische Teil, d. h. die Kapitel 2 bis 5, wurde von Achim Westebbe geschrieben, die Kapitel 1, 6.1 und 7 von Ekkehard Winter.

Der RAABE Fachverlag für Wissenschaftsinformation hatte 1995 in der Reihe „DUZ-Edition" bereits den Band „Wissenschafts-Sponsoring" von Arnold Hermanns und Carsten Suckrow herausgegeben. Er war daher von Anfang an auch an der Veröffentlichung des vorliegenden Bandes interessiert, der zu der empirischen Untersuchung von Hermanns und Suckrow Fallbeispiele liefert, um damit zu einer weiteren Verbreitung des Wissenschafts-Sponsoring im Hochschulbereich beizutragen.

Die Verfasser sind einer ganzen Reihe von Personen aus Unternehmen und Hochschulen, die sich für weiterführende Gespräche zur Verfügung gestellt und Hintergrundinformationen zu den Fallbeispielen gegeben haben, zu Dank verpflichtet, vor allem Frau Wiechens-Schwake und Frau Zinnenlauf (Mannesmann Mobilfunk GmbH), Herrn Post und Herrn Lehmann (Technische Universität Dresden), Frau Hoffmann und Herrn Stegert (Technische Universität Braunschweig), Herrn Baller (Hochschule für Bildende Künste Braunschweig), Frau Zix und Herrn Kalkuhl (Universität-GH Essen), Herrn Burgahn und Herrn Kähler (Universität Mannheim) sowie Herrn Mehlinger vom Ministerium für Kultur, Jugend, Familie und Frauen des Landes Rheinland-Pfalz in Mainz, der wertvolle Hinweise zur steuerlichen Behandlung des Sponsoring gegeben hat.

Nicole Schindler danken die Autoren für ihre Hilfe bei den Schreibarbeiten zur Abfassung des Theorieteils.

Essen, im November 1996

Inhaltsverzeichnis

Abbildungsverzeichnis

1 Einleitung

Es ist kein Zufall, daß die Hochschulen gerade jetzt das Thema „Sponsoring" für sich entdecken. Das Interesse ist aus der Not geboren, denn die Ebbe in den öffentlichen Kassen hat in jüngster Zeit auch an den Hochschulen zu immer drastischeren Einsparungen geführt. Die Politik erkennt die überragende Bedeutung von Wissenschaft und Bildung für die vielbeschworene Wettbewerbsfähigkeit des „Standorts Deutschland" und die Zukunft unserer Gesellschaft zwar grundsätzlich an, sie ist aber nicht bereit, die sich verschärfende Finanzmisere der Hochschulen durch Umschichtungen zu Lasten anderer Bereiche etwas zu mildern.

Die Lobby der Hochschulen befindet sich nicht zuletzt deshalb in einer relativ schwachen Position, weil diese in den vergangenen Jahren keine ausreichende Bereitschaft gezeigt haben, die in Studium, Lehre, Forschung und Forschungstransfer immer offensichtlicher werdenden Mängel zu beheben. Hier seien beispielhaft nur die lange Dauer des Studiums und seine vielfach fehlende Ausrichtung an den Qualifikationsanforderungen der Arbeitgeber und insbesondere der Wirtschaft[1] oder die schwindende Attraktivität des deutschen Hochschulsystems für Ausländer[2] genannt. Die Fiktion der Gleichwertigkeit aller Hochschulen behindert Bemühungen um Leistungstransparenz, Profilbildung und Wettbewerb.

Die Hochschulen werden – wie dies mittlerweile auch in fast allen anderen öffentlichen Bereichen der Fall ist – von den Politikern auf den Weg einer verstärkten privaten Finanzierung ihrer Aufgaben verwiesen. Dabei werden die Möglichkeiten, die dieser Weg bietet, allerdings erheblich überschätzt. Wie das Beispiel der privaten Universität Witten/Herdecke zeigt, kommt selbst eine vergleichsweise winzige Hochschule ohne erhebliche staatliche Zuschüsse nicht aus. Privatisierung kann daher eine segensreiche Wirkung nur dann entfalten, wenn man die Vorteile einer privaten Trägerschaft bzw. Organisationsform in den Vordergrund der Betrachtung stellt[3] und nicht die private Finanzierung, obwohl ihr Anteil an der Hochschulfinanzierung natürlich wachsen wird, und zwar aus verschiedenen Quellen.[4]

Die These, daß die Ressourcen einer privaten Hochschulfinanzierung begrenzt sind, wird durch einen Blick auf die Entwicklung der Unternehmensspenden – den einzigen Bereich, für den auf der Grundlage der Körperschaftsteuerstatistik belastbare Daten vorliegen – erhärtet, die in den letzten Jahrzehnten zwar kontinuierlich angestiegen sind (auf rund 550 Millionen DM im Jahre 1989), allerdings weniger als die Unternehmensgewinne im gleichen Zeitraum, so daß der Anteil der Spenden am Gewinn vor Steuern von etwas über 0,7% auf 0,55% gefallen ist.[5]

---

[1] Vgl. Stifterverband (1993), Stifterverband (1995).
[2] Vgl. Herbert Quandt-Stiftung (1995).
[3] Vgl. Heinz Nixdorf Stiftung/Stifterverband (1995).
[4] Vgl. unter 7, S. 159.
[5] Westebbe (1996), S. 14 f.

Auch wenn man das Vermögen von Privatpersonen hinzurechnet, das in wachsendem Maße für gemeinnützige Zwecke gespendet oder gestiftet wird, ändert sich das Bild nicht grundsätzlich, da der Konkurrenzkampf um diese Geldquellen ebenfalls wächst. Die Professionalisierung des Spenden-Marketing und ein immer höherer Einsatz werden nötig, um die eigene Position verteidigen zu können. In diesem Markt haben Wissenschaft und Forschung, Hochschulen und andere Bildungseinrichtungen aber nicht von vornherein schlechtere Chancen als andere Bereiche, die eigenen Anteile zu sichern oder sogar auszubauen; es wird in der Zukunft darauf ankommen, daß sie alle Anstrengungen unternehmen, ihren gesellschaftlichen Stellenwert durch Schaffung von Vertrauen in ihre Leistungs- und Zukunftsfähigkeit zu steigern. Auch deshalb sollten die Hochschulen ihr Image, das in der Öffentlichkeit häufig irgendwo zwischen „morschen Kähnen" und „manövrierunfähigen Tankern" angesiedelt wird, so schnell wie möglich zu ändern suchen.

Dieser Aufforderung kommt im Bereich des Sponsoring eher eine noch größere Bedeutung zu als im Bereich von Spenden, denn Sponsoring zeichnet sich durch einen Leistungsaustausch und mithin durch ein partnerschaftliches Verhältnis zwischen Hochschulen und Unternehmen (und nur von diesen beiden wird im Folgenden die Rede sein) aus. Zwar hat das Hochschul-Sponsoring im Augenblick noch eine sehr viel geringere finanzielle Bedeutung als das mäzenatische Spenden, die Wachstumsprognosen beim Sponsoring sind aber deutlich besser als – wie oben erwähnt – bei den Spenden. Überproportional wächst dabei das Öko- und Sozio-Sponsoring, zu dem viele Autoren – wie wir finden, fälschlicherweise – das Hochschul-Sponsoring zählen.

Einer schnellen Bedeutungszunahme des Hochschul-Sponsoring stehen aus Sicht der Unternehmen die mangelnde Professionalität und fehlende Marketing-Konzepte der Hochschulen entgegen. Dies spiegelt die Entwicklung in anderen, heute etablierten Sponsoring-Arten wie Sport und Kultur wider, in denen sich eine professionelle Nutzung als Marketing-Instrument auch erst allmählich durchgesetzt hat. Dieses Buch will den Hochschulen helfen, den Unternehmen in Zukunft strategisch besser eingebettete und professioneller geplante Sponsoring-Angebote unterbreiten zu können.

Im ersten Hauptteil des Buches (Kapitel 2 bis 5) soll das hierzu notwendige theoretische Basiswissen vermittelt und gleichzeitig mit Hinweisen für die praktische Umsetzung verbunden werden. Der zweite Hauptteil des Buches (Kapitel 6) fußt auf einer Umfrage des Stifterverbands von 1995, bei der er alle Hochschulen in Deutschland um die Beschreibung praktischer Beispiele gebeten hatte. Auch wenn diese Erhebung nicht mehr als ein gutes Dutzend wirklicher Sponsoring-Aktivitäten erbracht hat, lassen sich an diesen wenigen Beispielen die im ersten Hauptteil erarbeiteten Grundlagen sehr gut veranschaulichen. Im Text wird durch das ⇨-Symbol auf das jeweils relevante Beispiel hingewiesen. Wir hoffen, daß die Beispiele den Lesern aus dem Hochschulbereich auch ganz konkrete Anregungen für die Planung und Durchführung eigener Sponsoring-Projekte geben werden. Die im Anhang abgedruckten Checklisten sollen die praktische Umsetzung weiter vereinfachen.

Auch wenn dieses Buch dazu beitragen kann, das Wissenschafts- und Hochschul-Sponsoring aus seinem bisherigen Schattendasein herauszuführen, so wird sich der Löwenanteil der Hochschulfinanzierung mit Sponsoring ebensowenig decken lassen wie mit Spenden. Sehr wohl werden aber durch Sponsoring einzelne Vorhaben realisierbar werden, für die andere, d. h. insbesondere öffentliche Mittel nicht zur Verfügung stehen.

Es sollte an dieser Stelle deutlich hervorgehoben werden, daß sich bei geschickter Plazierung von Sponsoring-Projekten Effekte erzielen lassen, die über den finanziellen Beitrag des Sponsors weit hinausgehen, denn der Mehrwert eines gut gemachten Sponsoring gegenüber mäzenatischen Spenden liegt in der kommunikativen Nutzbarkeit der jeweiligen Maßnahme durch die Hochschule und in der Möglichkeit begründet, einen wechselseitig positiven Imagetransfer zwischen Unternehmen und Hochschule zu erzielen. Wir hoffen, daß gerade dieses besondere Potential des Sponsoring für die überfällige Profilbildung der Hochschulen bei der Lektüre der folgenden Seiten erkennbar wird.

2 Theoretische Grundlagen

2.1 Begriffsbestimmung und Abgrenzung

Im allgemeinen Sprachgebrauch wird der Begriff „Sponsern" inzwischen für jede Form materieller Zuwendung genutzt.[6] Das Sponsoring im betriebswirtschaftlichen Sinn, mit dem wir uns hier ausschließlich befassen wollen, wird aber enger definiert. Demnach ist Sponsoring

- die Zuwendung von Sach- und/oder Dienstleistungen von einem Unternehmen (Sponsor)
- an eine Einzelperson, eine Gruppe von Personen oder eine Organisation/Institution aus dem gesellschaftlichen Umfeld des Unternehmens (Gesponserter)
- gegen die Gewährung von Rechten zur kommunikativen Nutzung des Gesponserten oder seiner Aktivitäten
- auf der Basis einer vertraglichen Vereinbarung.[7]

Weniger auf die bloße Zuwendung und mehr auf den Gesamtprozeß stellt eine andere Definition ab, nach der Sponsoring bedeutet

- die Planung, Organisation, Durchführung und Kontrolle sämtlicher Aktivitäten,
- die mit der Bereitstellung von Geld, Sachmitteln oder Dienstleistungen durch Unternehmen
- zur Förderung von Personen und/oder Organisationen im sportlichen, kulturellen und/oder sozialen Bereich verbunden sind,
- um damit gleichzeitig Ziele der Unternehmenskommunikation zu erreichen.[8]

Beide Definitionen verdeutlichen, daß es sich beim Sponsoring nicht um eine einseitige Förderung handelt, bei der der Sponsor nur Gebender und der Gesponserte nur Empfänger ist.

> Es kommt beim Sponsoring stets zu einem Leistungsaustausch; einer Leistung des Sponsors steht immer eine Leistung des Gesponserten gegenüber. Diese Gegenleistung muß für den Sponsor kommunikativ nutzbar sein: Sponsoring ist ein Instrument der Unternehmenskommunikation.[9]

---

[6] Bruhn (1991), S. 19.
[7] Hermanns/Püttmann (1992), S. 186.
[8] Bruhn (1991), S. 21.
[9] Hermanns (1987), S. 435; a. A. Drees (1988), S. 24, in dessen viel zu weite Definition auch die Geschäftsbeziehung zwischen einem Installateur und dessen Kunden paßt.

Die Leistung des Gesponserten ergibt sich dabei nicht aus einer zufälligen Gefälligkeit, sondern sie ist von vornherein vereinbart worden. Dem Leistungsaustausch liegt also ein Vertrag zugrunde,[10] auch wenn er bei kleineren Sponsorships oft nur mündlich abgeschlossen wird.

Als Sponsor nennen die Definitionen des Sponsoring meist Unternehmen, allerdings werden auch nicht-kommerzielle Organisationen angeführt.[11] Hier wäre z. B. ein Fall denkbar, bei dem eine Spenden sammelnde gemeinnützige Organisation einen von ihr Geförderten zu kommunikativen Leistungen verpflichtet mit dem Ziel, die eigenen Geldgeber von der sinnvollen Spendenverwendung zu überzeugen.

Beim Sponsoring kommt die Leistung des Sponsors einer gesellschaftlich akzeptierten und erwünschten Aktivität zugute. Neben dem Sport sind dies vor allem kulturelle und soziale Belange, es sind aber auch andere von der Gesellschaft als förderungswürdig eingeschätzte Bereiche möglich. Diese Bereiche werden in der Regel gemeinnützig sein, auch wenn die konkrete Aktivität oder der einzelne Gesponserte wie beim Profisport nicht mehr gemeinnützig sind. Der hier diskutierte Förderaspekt bildet zwar einen Bestandteil des Sponsoring-Begriffs, er muß aber nicht – wie dies die oben zitierte Definition von Bruhn[12] nahelegt – die primäre Absicht des Sponsors sein. Auch ein Sponsorship, bei dem der Gesponserte ein „schlechtes Geschäft" macht und der Sponsor die gute Sache eher ausnutzt als fördert, bleibt ein Sponsorship.

2.1.1 Definition des Hochschul-Sponsoring

Man kann die gerade getroffenen Begriffsbestimmungen ohne weiteres auf den Hochschulbereich übertragen.

> Hochschul-Sponsoring ist
> - die Zuwendung von Sach- und/oder Dienstleistungen meist von Unternehmen
> - an eine Hochschule, einen Teilbereich oder ein Mitglied der Hochschule
> - gegen die Gewährung von Rechten zur kommunikativen Nutzung von Personen bzw. Hochschule und/oder deren Aktivitäten
> - auf der Basis einer vertraglichen Vereinbarung.

Bruhn erliegt aus unerfindlichen Gründen beim Sozio-Sponsoring (zu dem er das Wissenschafts- und damit das Hochschul-Sponsoring zählt) der Tendenz zur Verwischung der Unterscheidung von Sponsoring und anderen Förderungsformen.

---

[10] Schiewe (1994), S. 13.
[11] Hermanns/Suckrow (1995), S. 11.
[12] Bruhn (1991), S. 21.

Er ernennt deshalb das, was im betriebswirtschaftlichen Sinn Sponsoring ist, zum „klassischen" Sponsoring[13] und definiert im übrigen jede Förderung als Sponsoring, sofern die Sponsoren damit nur „auch (direkt oder indirekt) Wirkungen für ihre Unternehmenskultur oder -kommunikation anstreben"[14]. Dieser unnötigen Erweiterung des Sponsoring-Begriffs soll hier nicht gefolgt werden. Die aus Unternehmenssicht notwendige Integration von Sponsoring und anderen Förder- und Kommunikationsinstrumenten[15] läßt sich ohne die Aufgabe einer klaren Sponsoring-Definition erreichen und auch die Existenz zahlreicher Mischformen[16], auf die Bruhn verweist[17], läßt sich eher mit klaren Definitionen bewältigen, als mit einer Verwischung.

2.1.2   Einordnung in die Arten des Sponsoring

Die Einordnung des Hochschul-Sponsoring in die verschiedenen Arten des Sponsoring ist eher von akademischem Interesse. Da sie aber umstritten ist, wollen wir einen Blick auf das Thema werfen und die Gelegenheit dann auch gleich nutzen, um die Meinungsvielfalt um eine weitere Variante zu bereichern.

Hochschul-Sponsoring ist eine spezielle Form des Wissenschafts- und Bildungs-Sponsoring, bei dem allgemein eine „natürliche oder juristische Person aus der Wissenschaft"[18] oder – anders formuliert – „Personen oder Institutionen im Bereich von Wissenschaft und Forschung"[19] gesponsert werden. Innerhalb des Hochschul-Sponsoring kann man dann nach den Gesponserten weiter unterscheiden nach Hochschularten (wissenschaftliche Hochschulen, Musik- und Kunsthochschulen, Fachhochschulen)[20] oder deren Untergliederungen (Fachbereiche, Lehrstühle, Institute, Projekte).

Sponsoring insgesamt wird von den meisten Autoren eingeteilt in Sport-Sponsoring, Kultur-Sponsoring, Sozio- oder Sozial-Sponsoring und Öko-Sponsoring.[21] Dabei wird das Wissenschafts- und Bildungs-Sponsoring in der Regel dem Sozio-Sponsoring zugeordnet[22], teilweise auch dem Kultur-Sponsoring[23]. Hermanns fügt den vier genannten Sponsoring-Arten noch das sonstige Sponsoring hinzu und unterscheidet innerhalb dieser fünf Sponsoring-Arten jeweils in Praxis-Sponsoring und Wissenschafts-Sponsoring[24]. Da es auch Sport-, Kunst- und Ökologiewissenschaften gebe, sei Wissenschafts-Sponsoring in allen Sponsoring-Arten möglich.

---

[13] Bruhn (1991), S. 291.
[14] Bruhn (1991), S. 289.
[15] Vgl. dazu Westebbe/Logan (1995), S. 12 f.
[16] Siehe dazu unter 2.1.4, S. 22 f.
[17] Bruhn (1991), S. 290.
[18] Hermanns/Suckrow (1995), S. 12.
[19] Wolf (1995), S. 3.
[20] Hermanns/Suckrow (1995), S. 46.
[21] Bruhn (1987), S. 192 Abb. 2; Schiewe (1994), S. 15.
[22] Bruhn (1991), S. 292 f., 304, 310; Wirz (1988), S. 392.
[23] von Specht (1986), S. 516.
[24] Hermanns/Suckrow (1995), S. 13.

Diese weitere Unterscheidungsebene ist aber nicht sinnvoll. Vielmehr ist für die Einordnung in die Arten des Sponsoring entscheidend, welchen Aspekt einer Aktivität der Sponsor fördern bzw. kommunikativ nutzen will. Es muß jeweils entschieden werden, ob z.B. bei einem Ruderwettkampf zwischen Universitätsmannschaften für den Sponsor die sportliche Leistung und der Kampf um den Sieg (Sport-Sponsoring) oder Aspekte der Ausbildung von Sportwissenschaftlern bzw. der Erforschung von Bootsformen o.ä. (Bildungs-/Wissenschafts-Sponsoring) im Vordergrund steht. Will der Sponsor sich primär als Förderer des Sports darstellen oder als Förderer von Bildung bzw. Wissenschaft?

Aus diesem Blickwinkel wird dann auch die Einordnung des Wissenschafts- und Bildungs-Sponsoring in das Sozial- oder Kultur-Sponsoring fragwürdig. Der Kultur-Sponsor will sich als Förderer der Kultur profilieren, der Sozial-Sponsor als aufgeschlossen gegenüber sozialen Belangen. Dies sind andere Absichten als der Wunsch nach Profilierung im Wissenschafts- und Bildungsbereich, obwohl natürlich Überschneidungen möglich sind (⇨ HBK Braunschweig, 6.9/U Oldenburg, 6.11).

Gegen die übliche Einordnung in das Sozio-Sponsoring spricht auch, daß dessen Besonderheiten auf das Wissenschafts- und Bildungs-Sponsoring nicht zutreffen. Erfolgreicher Einsatz von Sozial-Sponsoring macht es notwendig, daß sich der Sponsor in seinen eigenen Aktivitäten sozial verhält. Anderenfalls wird ihm eine Aktivität aus schlechtem Gewissen unterstellt. Kritik in der Öffentlichkeit an sozialen Sponsoring-Engagements ist wegen des vermeintlichen Interessengegensatzes von Wirtschaft und Sozialorganisationen wahrscheinlich.[25] Diese Probleme, die die Diskussion im Sozio-Sponsoring prägen, sind für das Wissenschafts- und Bildungs-Sponsoring unerheblich.

> Das Wissenschafts- und Bildungs-Sponsoring, das auch das Hochschul-Sponsoring umfaßt, sollte als eigenständige Sponsoring-Art betrachtet werden.

2.1.3 Abgrenzung zu anderen Formen privater Hochschulfinanzierung

Außer durch Sponsoring trägt die Wirtschaft durch Auftragsforschung, durch altruistisches Spenden und durch Maßnahmen im Rahmen des Personal-Marketing und der Public Relations zur Finanzierung der Hochschulen und ihrer Aktivitäten bei (vgl. Abb. 1).[26]

---

[25] Bruhn (1991), S. 385 f.
[26] Vgl. die Übersicht Hermanns/Suckrow (1995), S. 14 ff.

Public Relations	Wissenschafts-Sponsoring	Mäzenatentum, Spenden
kommunikative Nutzung ohne vertraglichen Anspruch	Kommunikative Nutzung mit vertraglichem Anspruch	Altruistische Unterstützung

Wissenschaft		Wirtschaft

Personal-Marketing	Auftragsforschung	Geschäftsaktivitäten
Rekrutierung von Nachwuchs	Know-how-Transfer	Nutzung sonstiger Hochschulressourcen mit vertraglichem Anspruch

Quelle: in Anlehnung an Hermanns/Suckrow (1995) S. 16

Abb. 1: Formen der Zusammenarbeit zwischen Wissenschaft und Wirtschaft

Diese Finanzierungsformen lassen sich wie folgt abgrenzen:

- **Auftragsforschung:**
  Bei der Auftragsforschung ist das gemeinsame Ziel der Parteien die Erreichung eines Forschungsergebnisses und der Transfer dieses Ergebnisses zur Nutzung durch den Auftraggeber. Hierfür trägt er nach vertraglicher Vereinbarung ganz oder teilweise die Kosten der Forschungsarbeit. Eine kommunikative Nutzung der Forschungstätigkeit ist in der Regel nicht geplant. Im Gegenteil ist Vertraulichkeit oft ein wichtiger Faktor der Zusammenarbeit.

- **Mäzenatentum, Spenden, Corporate Giving[27]:**
  Spenden an Hochschulen erfolgen altruistisch, also ohne jede geschäftliche Nutzenerwartung. Spenden sind zwar für den Spender steuerlich absetzbar, dies ergibt aber keinen geschäftlichen Vorteil, weil jedenfalls mehr Kosten als Steuervorteile entstehen. Eine Gegenleistung sollte für Spenden nicht erwartet werden, sie kann aber trotzdem erfolgen.[28] Besonders beliebt im Hochschulbereich ist die Vergabe von Ehrendoktor- oder Ehrensenatorentiteln an regelmäßige Großspender. Unverfänglicher ist die Nennung von Spendern auf im Hochschulgebäude angebrachten Tafeln oder das obligatorische Foto von der Scheckübergabe zur Nutzung in der lokalen Presse.

---

[27] Zum Begriff vgl. Westebbe/Logan (1995), S. 13.
[28] Gesterkamp u. a. (1994), S. 36.

- **Public Relations:**

  Eine Förderung der Hochschule kann auch von vornherein mit dem Zweck erfolgen, sie für die Unternehmenskommunikation zu nutzen, ohne daß hierzu entsprechende Rechte von der Hochschule vertraglich erworben werden. So kann z. B. das erwähnte Foto oder eine andere Information über Spendenaktivitäten vom Unternehmen in Pressemitteilungen o. ä. verbreitet oder eine Förderaktivität durch Anzeigen werblich genutzt werden. Die Arbeit der Philip-Morris-Stiftung ist ein gutes Beispiel dieser Form der Public Relations,[29] die – anders als das normale Spendenwesen – keinen rein altruistischen Charakter mehr hat.

- **Personal-Marketing:**

  Die Förderung von Diplomanden und Doktoranden, die Vergabe von Praktikantenplätzen oder die Anmietung von Ständen auf Absolventenmessen o. ä. erfolgen mit der Absicht, guten Nachwuchs als zukünftige Mitarbeiter an das Unternehmen zu binden. Diese Maßnahmen des Personal-Marketing kommen wie die erwähnten Aktivitäten der Public Relations ohne den Erwerb kommunikativer Rechte von der Hochschule aus.

Das gleiche gilt auch für sonstige werbliche oder Geschäftsaktivitäten im Hochschulbereich, die zur Finanzierung der Hochschule beitragen. Beispiele sind die Anmietung von Räumen für Veranstaltungen des Unternehmens, der Kauf von Anzeigenraum in der Hochschulzeitung oder der Kauf von Beratungsdienstleistungen von der Hochschule. Diese Maßnahmen können allerdings sehr wohl einen Förderungsaspekt haben, wenn die Hochschule gerade deshalb als Vertragspartner ausgewählt wurde, um ihr einen Finanzierungsbeitrag zukommen zu lassen.

2.1.4 Bedeutung von Mischformen

Die getroffene Unterscheidung verschiedener Formen privater Hochschulfinanzierung durch Unternehmen ist für die theoretische Aufarbeitung dieser Finanzierungsquelle wichtig. Sie soll aber nicht dazu verleiten, in der Praxis diese Formen voneinander zu trennen und möglichst „sortenreine" Formen der Kooperation anzustreben.[30] Mischformen sind in der Praxis sehr häufig.[31] Ihre Vorteile zeigen sich deutlich am Beispiel der ⇨ Mannesmann Mobilfunk Stiftungsprofessur an der Technischen Universität Dresden (6.2), die ein Sponsorship mit Aspekten von Public Relations, Personal-Marketing und Know-how-Transfer verbindet. Dabei hat auch die Universität einen Nutzen, der über die bloße Finanzierung der Stiftungsprofessur hinausgeht.

---

[29] Hermanns/Suckrow (1995), S. 15.
[30] Vgl. Bruhn (1991), S. 415.
[31] Bruhn (1991), S. 5.

> Sponsoring läßt sich von anderen Formen privater Hochschulfinanzierung abgrenzen. Es sind aber gerade die Mischformen verschiedener Finanzierungsbeiträge, die eine optimale Ausnutzung der Zusammenarbeit mit einem Unternehmen ermöglichen.

Vielleicht haben Mischformen sogar eine größere Zukunft als reine Sponsoring-Aktivitäten.[32] Die Unternehmen bemühen sich im Rahmen von Corporate Citizenship-Konzepten um die Integration von Spendenwesen, Öffentlichkeitsarbeit, Personal-Marketing und anderen betrieblichen Funktionen, um so einen größeren Effekt für ihre eigene Unternehmenskultur und -kommunikation, aber auch für die Lösung gesellschaftlicher Probleme zu erreichen.[33] Einige wenige Beispiele für die Vorteile, die Hochschulen aus einer solchen Integration ziehen können, sind:

- **Mischform von Sponsoring und Spende:**
  Ein Sponsor zahlt bewußt mehr für ein Vorhaben, als die kommunikativ nutzbare Leistung der Hochschule wert ist. Die Hochschule erhält die Möglichkeit, das Unternehmen durch einen Nutzen positiv zu motivieren, ohne wirklich adäquate Leistungen erbringen zu müssen.

- **Mischform aus altruistischer Spende und Public Relations:**
  Ein Spender macht deutlich, daß er die Aufnahme seines Unternehmens auf eine Spendertafel begrüßen würde. Er zeigt die Tafel regelmäßig Geschäftsfreunden, mit denen er in der Hochschule zu tun hat. Die Hochschule erhöht die Bindung des Spenders und potentielle Spender werden zugleich motiviert.

- **Mischform von Sponsoring und Personal-Marketing:**
  Ein Sponsor vergibt innerhalb des gesponserten Projekts Praktikumsplätze an Diplomanden. Die Hochschule erhält neben der Finanzierung Unterstützung bei ihrem Absolventen-Marketing (sofern sie eines hat!).

- **Mischform von Sponsoring und allgemeiner geschäftlicher Zusammenarbeit:**
  Ein Sponsor mietet Räume der Hochschule, um Kunden vor Ort über das Sponsorship zu berichten, und macht das Sponsorship über Anzeigen in der Hochschulpresse bekannt. Die Hochschule erhöht ihre Einnahmen, erhält Unterstützung beim Hochschul-Marketing durch Einladung der Kunden, verbessert die Bewußtseinsbildung für Finanzierungsmöglichkeiten in der Hochschule durch internes Bekanntwerden des Sponsoring durch die Anzeigen.

---

[32] Das vermutet auch Bruhn (1991), S. 290.
[33] Westebbe/Logan (1995), S. 17, 22.

2.2 Einordnung als ein Instrument des Hochschul-Marketing

Marketing ist in seiner weitesten Definition das Management von Austauschprozessen mit organisationsinternen und -externen Partnern einer Organisation.[34] In diesem Sinn betreibt jede Hochschule Marketing, weil sie zwangsläufig Austauschprozesse mit den Hochschulangehörigen und Externen (wie z.B. Drittmittelgebern, Kultusbürokratie) organisieren muß. Beim Hochschul-Sponsoring werden Leistungen zwischen dem Sponsor und der Hochschule ausgetauscht. Es ist damit ebenso ein Instrument des Marketing der Hochschule wie es ein Marketing-Instrument für das sponsernde Unternehmen ist.

2.2.1 Grundlagen

Diese Betrachtungsweise ist für deutsche Hochschulen noch etwas ungewöhnlich. Mit der bisher benutzten sehr weiten Definition des Marketing-Begriffs ist es zwar unproblematisch, Marketing und Hochschule in eine Beziehung zueinander zu setzen. Schwieriger wird es aber, wenn wir den benutzten Marketing-Begriff verengen und zugleich versuchen, die von der Betriebswirtschaft entwickelten Methoden des Marketing auf das Management einer Hochschule anzuwenden.[35] Kann das funktionieren?

Nach Trogele z.B. ist Hochschul-Marketing die bewußt marktorientierte Führung der gesamten Hochschule. Strategisches Hochschul-Marketing ist eine Führungsphilosophie, mit der die Hochschulleitung zukünftige Tätigkeitsfelder auswählt, die Wettbewerbsposition der Hochschule festlegt und ein Marketing-Konzept entwickelt, um die ausgewählten Tätigkeitsfelder mit den Leistungen der Hochschule zu erreichen und zu bedienen.[36] Die Entwicklung einer Strategie für das Hochschul-Marketing erfolgt in fünf Schritten.[37]

- Festlegung von **Auftrag/Zielsetzung** der Hochschule
- Analyse des gegenwärtigen und Prognose des zukünftigen **Marktes** für die Leistungen der Hochschule mit dem Ziel, die Nachfrage nach Hochschulleistungen zu bestimmen
- **Segmentierung des Marktes** mit dem Ziel, die Marktsegmente, die besonders attraktiv sind, für Aktivitäten der Hochschule auszuwählen
- **Stärken-/Schwächenanalyse der Hochschule** mit dem Ziel, solche Leistungen der Hochschule zu identifizieren, die sie besonders gut erbringen kann
- **Formulierung** und Abstimmung der **strategischen Richtung** des Hochschul-Marketing unter Berücksichtigung der Ergebnisse der ersten vier Schritte.

---

[34] Vgl. Fritz (1996), S. 19.
[35] Dies hat z.B. Trogele (1995) ausführlich getan. Weitere Ansätze zur Anwendung des Marketing im Bereich von Wissenschaft und Bildung zählt Fritz (1996), S. 19 auf.
[36] Trogele (1995), S. 8f.
[37] Trogele (1995), S. 11f.

Der Entwicklung einer Strategie für das Hochschul-Marketing folgt dann die Entwicklung und Durchführung einzelner Marketing-Maßnahmen. Hierbei klassifiziert Fritz wie folgt:[38]

- **Leistungspolitische Maßnahmen:**
  Gestaltung der Leistungen der Hochschule
- **Gegenleistungspolitische Maßnahmen:**
  Festlegung von Art und Höhe des Entgelts für die verschiedenen Leistungen der Hochschule
- **Distributionspolitische Maßnahmen:**
  Zugänglichmachen der Leistungen für die Abnehmer
- **Kommunikationspolitische Maßnahmen:**
  Zielgruppenspezifische Information der Abnehmer über die Hochschule und ihre Leistungen, deren Erreichbarkeit und die erwarteten Gegenleistungen.

Ein solches Vorgehen würde voraussetzen, daß die von der Hochschule zu gestaltenden Austauschprozesse Marktgesetzen folgen und daß die Hochschule sich überhaupt marktgerecht verhalten kann. Beides wird bezweifelt. Trogeles Untersuchung kommt zu dem Ergebnis, daß die von der Betriebwirtschaft entwickelten Methoden des Marketing auch für die Führung einer Hochschule geeignet sind.[39] Allerdings sieht er für deren erfolgreichen Einsatz an deutschen Hochschulen eine Reihe von erheblichen Hindernissen, die in der inneren Organisation der Hochschule und deren rechtlichen Rahmenbedingungen liegen und eine Leistungs- und Marktorientierung der Hochschule verhindern. Diese Hindernisse könnten aber beseitigt werden, das Instrumentarium des Marketing sei daher an deutschen Hochschulen langfristig einsetzbar.[40] Offen bleibt, wie der für ein erfolgreiches Marketing notwendige Konsens aller Universitätsangehörigen[41] erreicht werden soll.

Sponsoring kann in der Diskussion um das Hochschul-Marketing eine wichtige Rolle spielen, weil die von der Hochschule beim Sponsoring zu managenden Austauschprozesse Marktgesetzen folgen und weil die für ein erfolgreiches Hochschul-Sponsoring notwendigen Schritte der allgemeinen Vorgehensweise im Marketing gleichen. Dies gilt für die gerade skizzierte strategische Planung ebenso wie für die Entwicklung und Durchführung einzelner Maßnahmen. Sponsoring kann damit zum Modell für die Einführung von Instrumenten des Marketing an deutschen Hochschulen werden.

---

[38] Fritz (1996a), S. 74 ff.
[39] Trogele (1995), S. 182.
[40] Trogele (1995), S. 184 f.
[41] Vgl. Trogele (1995), S. 186 f.

2.2.2 Beschaffungs-, Absatz- und Public Marketing

Die zu bewältigenden Austauschprozesse können aus Sicht der Hochschule primär der Beschaffung dienen (Beschaffung von Büchern durch Einkauf, Beschaffung geeigneter Lehrkräfte durch Stellenausschreibung und Bezahlung) oder dem Absatz eigener Leistungen (Absatz von Lehrleistungen durch Lehrveranstaltungen, Absatz von Forschungsleistung durch Publikation). Das Management dieser Vorgänge wird entsprechend als Beschaffungs- bzw. Absatz-Marketing bezeichnet. Daneben soll es ein Public Marketing geben,[42] das Austauschbeziehungen mit der allgemeinen Öffentlichkeit betrifft (PR-Maßnahmen wie Pressemitteilungen zu Entwicklungen in der Hochschule, Durchführung öffentlicher Veranstaltungen wie z.B. Dies academicus). Solche Maßnahmen dienen letztlich aber auch entweder Beschaffungs- oder Absatzzielen (z.B. Schaffung von Goodwill in der Öffentlichkeit zur langfristigen Sicherung der Beschaffung staatlicher Zuschüsse, Wecken von Interesse an den Aktivitäten der Hochschule zur Verbesserung der Absatzchancen von Fortbildungsleistungen), so daß sie dem Beschaffungs- oder Absatz-Marketing zugeordnet werden können.

In vielen Fällen dient ein Vorgang zugleich der Beschaffung und dem Absatz von Leistungen, so daß eine eindeutige Zuordnung nicht möglich ist. Beispiele sind die Auftragsforschung zur Beschaffung von Drittmitteln und zum Absatz von Forschungsergebnissen oder die Durchführung öffentlicher Vorlesungen im Studium generale, die dem Absatz von Lehrleistungen genauso dienen können wie der Beschaffung von Spenden. Die Einordnung des Hochschul-Sponsoring in die genannten Kategorien ist eher unproblematisch. Wie wir noch sehen werden, dient es entweder der Beschaffung von Geld- oder Sachmitteln, der Beschaffung von Know-how oder der Beschaffung von Kommunikationsleistungen.[43] Sponsoring ist damit für die Hochschule ganz überwiegend ein Instrument des Beschaffungs-Marketing.[44]

---

[42] Vgl. Fritz (1996), S. 19 u. (1996a), S. 77f.
[43] Siehe unter 4.4, S. 43ff.
[44] So auch Fritz (1996a), S. 74.

3 Der Sponsor

Es gibt mehrere Gründe für eine Hochschule, die einen Finanzierungsbeitrag durch Sponsoring anstrebt, sich zunächst grundsätzlich mit den Zielen und Vorgehensweisen von Sponsoren zu befassen. Nur wer die Ziele eines Sponsors kennt, kann gezielt Angebote ausarbeiten, mit denen diese Ziele erreichbar sind. Zur optimalen Durchführung eines Sponsoring-Projekts ist es notwendig, daß Sponsor und Gesponserter einvernehmlich zusammenarbeiten. Dazu ist es wichtig, die Denkweisen und Arbeitsschritte des Sponsors zu kennen.[45] Bevor wir uns mit den Hochschulen selbst und deren Aktivitäten hin zu einem Sponsoring befassen, wollen wir deshalb zunächst das mögliche Hochschul-Sponsoring aus Sicht des Sponsors betrachten. Dabei wollen wir uns auf die in der Praxis häufigste Form von Sponsoren, also auf Unternehmen konzentrieren.

> Um Sponsoring erfolgreich zu betreiben, ist es auch für Unternehmen wichtig, einem Konzept zu folgen und eine bis in Einzelheiten durchdachte Planung vorzunehmen.

In der Praxis ist allerdings häufig ein eher unprofessioneller Umgang mit Sponsoring anzutreffen. Die Hobbys des Zuständigen, zufällige Bekanntschaften oder nicht durchdachte „Me-too"-Aktivitäten bestimmen die Auswahl von Sponsorships.[46] Diese Vorgehensweise ist umso häufiger, je weniger etabliert eine Sponsoring-Art ist. Beim Wissenschafts- und Bildungs-Sponsoring, das ja noch sehr jung ist, gehen knapp zwei Drittel der Unternehmen ohne eine (schriftliche) Konzeption vor.[47]

Es kann sich für Hochschulen also durchaus lohnen, auch ohne Kenntnisse des Instruments Sponsoring alte Bekannte aus der Auftragsforschung oder dem Spendenwesen auf ein „Sponsorship" anzusprechen. Mit dem Angebot, hier und da ein Firmenlogo aufzukleben und das Unternehmen als Projekt-Sponsor im Projektbericht aufzuführen, läßt sich sicher manchem unbedarften Unternehmen, das sich auch gerne als moderner Sponsor fühlen möchte, eine zusätzliche Mark entlocken. Allerdings verdirbt ein solches Vorgehen gründlich die Beziehung zu ernsthaften Sponsoren, die eine bessere Zusammenarbeit erwarten, und es ist bei der zunehmenden Professionalisierung der Unternehmenskommunikation auch nicht gerade zukunftsträchtig.

---

[45] Bruhn/Mussler (1991), S. 17.
[46] Püttmann (1993), S. 651; vgl. auch die Zahlen in Hermanns/Püttmann (1992), S. 83.
[47] Hermanns/Suckrow (1995), S. 42 f.

Für ein professionelleres Vorgehen im Sponsoring hat die Betriebswirtschaft für Unternehmen verschiedene Modelle entwickelt,[48] die im wesentlichen folgende Punkte behandeln:[49]

- Grundsatzüberlegungen
- Festlegung der Ziele und Zielgruppen
- Weitere strategische Überlegungen
- Realisierung
- Nutzung des Sponsorship und Integration in die Unternehmenskommunikation
- Erfolgskontrolle und
- Audit als eine das ganze Vorgehen begleitende Prozeßkontrolle.

3.1 Grundsatzüberlegungen[50]

Als langfristigen Orientierungsrahmen für sämtliche Sponsoring-Aktivitäten eines Unternehmens dienen die Sponsoring-Grundsätze oder die Sponsoring-Philosophie. Sie beruhen allgemein auf der Unternehmenskultur, seiner Vision und „Business-Mission" und konkret auf der Marketing- und Kommunikationskonzeption. Sponsoring-Grundsätze können Aussagen enthalten über:

- das unternehmensspezifische Sponsoring-Verständnis (z. B. Primat der Förder- oder der Kommunikationsfunktion des Sponsoring)
- die Organisation des Sponsoring (Verantwortlichkeiten, Entscheidungswege, Einsatz von Agenturen/Beratern)
- die Richtlinien bezüglich der Integration in die Unternehmenskommunikation
- die Verhaltensrichtlinien gegenüber den Sponsoring-Partnern.

3.2 Ziele und Zielgruppen[51]

Bei den Zielen, die ein Unternehmen durch Sponsoring erreichen kann, wird grundsätzlich zwischen psychographischen Zielen (Zielerreichung nicht in Geld meßbar) und ökonomischen Zielen (Zielerreichung in Geld meßbar) unterschieden. Psychographische Ziele beziehen sich auf den Bekanntheitsgrad und das Image eines Unternehmens, die Schaffung von Goodwill, auf die direkte Kontaktpflege zu Zielgruppen und Rückwirkungen auf die Unternehmenskultur.

- **Bekanntheitsgrad:**
  Die Steigerung oder Stabilisierung des Bekanntheitsgrades eines Unternehmens oder einer Marke/eines Produkts ist normalerweise das Hauptanliegen

---

[48] Vgl. z. B. Bruhn (1991), S. 63 ff.; Püttmann (1993), S. 651 ff.; Bruhn (1987), S. 192 ff.
[49] Nach Schiewe, S. 92 ff.
[50] Vgl. zum folgenden Püttmann (1993), S. 653; Hermanns/Suckrow (1995), S. 62 f.; Bruhn (1991), S. 335 ff.
[51] Vgl. zu den Zielen allgemein von Specht (1986), S. 517; Bruhn (1987), S. 193; Bruhn/Mussler (1991), S. 20 ff.; Bruhn (1991), S. 327 ff.

von Sponsorships. Dies trifft vor allem im Sport- und Kultur-Sponsoring zu, wo meist als einzige Botschaft der Name des Unternehmens/der Marke/des Produkts transportiert werden kann, dies allerdings oft an sehr viele Empfänger. Mangels Großveranstaltungen und Medieninteresse sind große Zielgruppen im Hochschul-Sponsoring allerdings kaum zu erreichen. Deshalb rangiert die Steigerung des Bekanntheitsgrades im Wissenschafts- und Bildungs-Sponsoring bei den Zielen der Unternehmen mit 15,4% auch nur auf dem vierten Rang (vgl. Abb. 2).

- **Image:**
Die Stabilisierung oder Verbesserung des Unternehmens-/Marken-/Produktimages soll durch einen Imagetransfer vom Gesponserten erreicht werden. Solche Imagetransfers setzen eine langfristige Zusammenarbeit voraus; sie sind nicht durch einmalige Auftritte zu erreichen. Die Wissenschaft mit ihrem guten und seriösen Ruf kann dabei eine ganze Reihe positiver Imagedimensionen zur Verfügung stellen, wie z. B. Wissen, Kompetenz, Seriosität, Verantwortungsbewußtsein, Zukunftsorientierung und Fortschrittlichkeit.[52] Imageziele rangieren mit 18% auf dem dritten Platz der Ziele von Wissenschafts- und Bildungs-Sponsoren.

- **Goodwill:**
Die Schaffung von Goodwill erfolgt durch die Darstellung der gesellschaftlichen Verantwortung des Unternehmens und dient dem Werben um Vertrauen und Verständnis für den Sponsor. Wegen der hohen Akzeptanz der Wissenschaft und Bildung als Faktoren mit gesellschaftlicher Bedeutung ist der Goodwill-Aspekt mit 23,1% zweithäufigstes Motiv für Sponsoren in diesem Bereich.

- **Kontaktpflege:**
Sponsorships bieten die Möglichkeit zur Pflege direkter Kontakte. Diese Kontakte können zum Gesponserten bestehen, zu eingeladenen Kunden, Pressevertretern etc. Die besondere, nicht-kommerzielle Atmosphäre der gesponserten Ereignisse macht die Verbesserung oder Stabilisierung von Beziehungen besonders einfach. Beim Hochschul-Sponsoring belegt die Kontaktpflege mit den Hochschulen mit 27,4% den ersten Platz unter den Zielen der Sponsoren. Bezieht das Sponsoring die Nachwuchsförderung ein, kann hiervon besonders die Personalpolitik des Sponsors profitieren.[53]

- **Unternehmenskultur:**
Innerbetriebliche Kommunikationsziele im Rahmen der Unternehmenskultur, z. B. zur Motivation der Mitarbeiter, haben nur untergeordnete Bedeutung für Hochschul-Sponsoren (12%, Rang 5).

---

[52] Hermanns/Suckrow (1995), S. 20.
[53] Wolf (1995), S. 5.

Ökonomische Ziele betreffen vor allem die Absatzsteigerung. Nach Spielen von Boris Becker nimmt z.B. der Absatz der von ihm benutzten Tennisschläger spürbar zu. Auch der Ersatz klassischer Werbung durch medienwirksame Sponsorships ist ein ökonomisches Ziel, weil Faktoren wie Kontaktdauer und Kontakthäufigkeit meßbar und in Werbemark umrechenbar sind. Im Wissenschafts- und Bildungs-Sponsoring spielen sie nur eine sehr untergeordnete Rolle. Mit anderen „sonstigen Zielen" zusammen machen sie nur 4,3 % der Hochschul-Sponsoringziele aus.

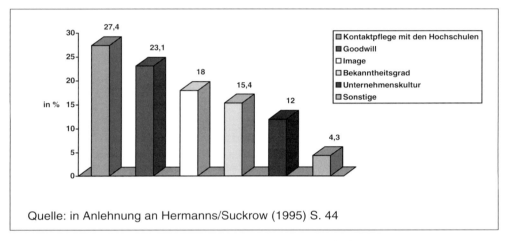

Quelle: in Anlehnung an Hermanns/Suckrow (1995) S. 44

Abb. 2: Zielsetzungen der Unternehmen für das Hochschul-Sponsoring

Aus den jeweils verfolgten Zielen ergeben sich auch die Zielgruppen, die mit der Botschaft des Sponsorship erreicht werden sollen. Generell für Unternehmen wichtige Zielgruppen sind Kunden, Öffentlichkeit, Mitarbeiter, Meinungsbildner, Medienvertreter, staatliche Stellen, Gesponserte, Lieferanten.[54] Diese Zielgruppen werden teilweise durch das Sponsorship selbst erreicht, wie z.B. die Zuschauer (live oder via Medien) einer Veranstaltung, die Besucher einer Ausstellung oder die Mitglieder einer gesponserten Organisation. Bei medienwirksamen Großereignissen ist die so zu erreichende Zielgruppe sehr groß. Beim Hochschul-Sponsoring ist sie eher bescheiden, wenn man von seltenen Großveranstaltungen absieht (⇨ TU Braunschweig, 6.8). Sie kann aber durch Aktivitäten des Sponsors (Einladung von Kunden, Bekanntmachung des Sponsorship in Anzeigen) oder des Gesponserten (Pressemitteilungen, Bekanntmachung in Hochschulorganen, Einladung von Hochschulmitgliedern) vergrößert werden (vgl. Abb. 3).

---

[54] Bruhn (1991), S. 331; Westebbe/Logan (1995), S. 19.

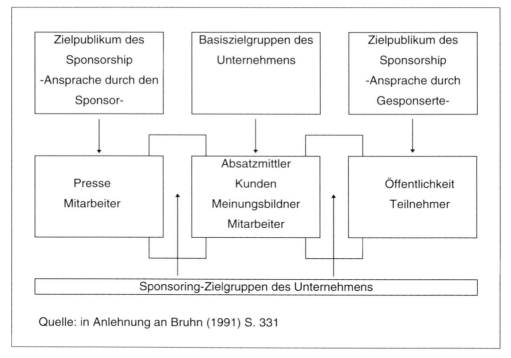

Zielpublikum des Sponsorship -Ansprache durch den Sponsor-	Basiszielgruppen des Unternehmens	Zielpublikum des Sponsorship -Ansprache durch Gesponserte-
Presse Mitarbeiter	Absatzmittler Kunden Meinungsbildner Mitarbeiter	Öffentlichkeit Teilnehmer

Sponsoring-Zielgruppen des Unternehmens

Quelle: in Anlehnung an Bruhn (1991) S. 331

Abb. 3: Zielgruppenansprache

Die für den Sponsor wichtigsten Zielgruppen sind die aktiv am Vorgang Beteiligten, also die Gesponserten selbst und die aktiven Teilnehmer (Redner eines Symposiums, Studierende und wissenschaftliche Mitarbeiter eines Stiftungslehrstuhls o. ä.). Einen ebenfalls engen Kontakt haben die Live-Zuschauer (Kongreßteilnehmer, Ausstellungsbesucher), während die emotionale Aufgeschlossenheit der Medien-Zuschauer demgegenüber schon abnimmt. Am schwierigsten zu begeistern sind diejenigen, die das Sponsorship gar nicht selbst erleben, sondern nur über Anzeigen oder Presseberichte davon erfahren. Die Abschätzung der erreichbaren Zielgruppen im Sponsoring ist insgesamt schwierig, weil gesicherte Daten oft fehlen.[55] Insbesondere ist die Passung zwischen den durch das Sponsorship wirklich Erreichten und den Zielgruppen des Unternehmens schwierig, weil man z. B. zwar weiß, wieviele Zuschauer ein Ereignis hat, aber kaum, wie sich diese Zuschauer zusammensetzen.

---

[55] Bruhn (1987), S. 194.

30

> Für den Sponsor sind die Zielgruppen am wertvollsten, die durch das Sponsorship direkt betroffen sind, weil sie den intensivsten Kontakt zur Sponsoring-Botschaft haben. Das Hochschul-Sponsoring mit seinen relativ klar definierten Zielgruppen kann hier eventuell eine sicherere Ansprache ermöglichen als etablierte Sponsoring-Arten.[56]

3.3 Weitere strategische Überlegungen

Als Fortsetzung und Konkretisierung der Grundsatzüberlegungen des Unternehmens zum Sponsoring[57] sind weitere strategische Entscheidungen notwendig. Eine klare Trennung dieser Planungsschritte ist schwierig, aber auch nicht notwendig. Neben den schon behandelten Fragen „Warum sponsert das Unternehmen?" (Ziele) und „Wen wollen wir mit der Sponsoring-Botschaft erreichen?" (Zielgruppen) muß die strategische Planung u. a. noch folgende Fragen beantworten:[58]

- **Wer soll als Sponsor auftreten?**
  Rechtlich muß natürlich das Unternehmen Sponsor sein, nach außen kann aber auch nur eine Marke, eine Produktlinie oder ein Produkt als Sponsor erscheinen.

- **Was soll die Botschaft sein, die vermittelt wird?**
  Die Klärung dieser Frage hängt mit dem verfolgten Ziel zusammen, aber auch mit den praktischen Möglichkeiten des Sponsorship. So läßt sich im Sport-Sponsoring auf einer Trikotwerbung oft nur ein Firmen- oder Produktname transportieren, so daß neben der Steigerung des Bekanntheitsgrades als Botschaft nur eine Assoziation mit dem Image des Gesponserten möglich ist. Das Hochschul-Sponsoring kann den Transport komplexerer Botschaften ermöglichen.

- **Welche Sponsoring-Arten und Typen von Gesponserten sind geeignet?**
  Hier wird über das Feld oder die Felder gesellschaftlichen Engagements entschieden, auf denen ein Unternehmen als Sponsor auftreten will. Ist Wissenschaft und Bildung unter diesen Feldern, muß das Unternehmen weiter entscheiden, ob es sich auf einzelne Fächer konzentrieren will und ob als Sponsoring-Partner eine Hochschule insgesamt oder nur einzelne Hochschulmitglieder angesprochen werden sollen. Bei dieser Grobauswahl wird das Unternehmen auf „Verbindungslinien"[59] achten, die es für die Zielgruppen nachvollziehbar mit dem Sponsorship verknüpfen. Wie Beispiele aus unterschiedlichen Sponsoring-Bereichen verdeutlichen, kann dieser Bezug zu einem Produkt bestehen (z. B. Autorennen zu Reifenhersteller), zum gewünschten Image eines

---

[56] Siehe dazu noch unten 4.5.1.4, S. 49f.
[57] Vgl. dazu oben 3.1, S. 27.
[58] Bruhn (1987), S. 194.
[59] Bruhn (1991), S. 339ff.

Produktes (z.B. Rockkonzert zu Jeanshersteller) oder Unternehmens (z.B. Wissenschaftspreis zu Philip Morris), er kann lokale Gründe haben, dann oft mit Bezug zu Engagements der Mitarbeiter (z.B. Sportverein Bayer Leverkusen zu Bayer AG), oder auf Vertriebswege Bezug nehmen, die bei den Kunden fest verankert sind (z.B. Filmförderung zu Langnese Eiskrem). Auch das Know-how eines Unternehmens oder seine sonstigen Ressourcen können eine Verbindungslinie bilden.

> Die Auswahl der Bezüge zwischen Sponsor und Gesponsertem ist besonders kritisch, wenn es um mehr geht als nur die Erhöhung des Bekanntheitsgrades des Sponsors. Sind die Verbindungslinien schlecht nachvollziehbar oder gar unglaubwürdig, kann das ganze Sponsorship wirkungslos bleiben oder sogar negative Folgen haben.

Dies kann insbesondere dann der Fall sein, wenn ein Unternehmen als Mitverursacher eines Problems angesehen wird, um dessen Beseitigung es sich anschließend bemüht. Solche Aktivitäten aus vermeintlich schlechtem Gewissen sind kontraproduktiv, so daß die Hochschulen einem als Verschmutzer angesehenen Unternehmen nicht unbedingt ein Engagement in der Umweltforschung nahelegen sollten.

- **Wie lange soll eine Sponsoring-Linie durchgehalten werden?**
  Da Kommunikationsprozesse gerade im Imagebereich kaum kurzfristig wirken, werden die Unternehmen in der Regel über mehrere Jahre laufende Programme begrüßen.[60] Dies müssen Hochschulen wissen, die Sponsoring-Angebote machen.

- **Wo will das Unternehmen sponsern?**
  Diese Frage hängt nicht nur davon ab, wo das Unternehmen seine Zielgruppen vermutet. Vielmehr besteht allgemein eine hohe Affinität zu Sponsorships in der Heimat des Unternehmens. Dies hat einmal emotionale Gründe, zum anderen kommt die Goodwill-Dimension, die bei den meisten Sponsorships zumeist mit eine Rolle spielt, am Unternehmensstandort besonders zum Tragen.

3.4 Realisierung

Zur Realisierung eines Sponsorships muß das Unternehmen zunächst eine Feinauswahl treffen, d.h., sich tatsächlich nach einem konkreten Sponsoring-Projekt umsehen.

---

[60] Westebbe/Logan (1995), S. 26.

Für die Auswahl nennt Bruhn folgende wichtige Kriterien,[61] wenn eine einzelne **Person** gesponsert werden soll:

- die Leistungen
- die Erfolge
- die Bekanntheit in den Zielgruppen
- die Beurteilung durch die Zielgruppen
- die Persönlichkeit.

Beurteilungskriterien bei der Auswahl von **Veranstaltungen** sind u. a.:

- die Erfahrungen mit bisherigen Veranstaltungen
- die erzielten oder erzielbaren Leistungen der Veranstaltung
- die Teilnahme von bestimmten Persönlichkeiten und Personen mit Spitzen-leistungen
- die erwartete Medienpräsenz
- die Management-Qualifikation des Veranstalters
- die Vergabe von Lizenzen und Titeln in Verbindung mit der Veranstaltung
- die Stellung des Sponsors im Vergleich zu anderen Sponsoren
- die Nutzung von Werbemöglichkeiten vor, während und nach der Veranstaltung.

Soll eine **Institution** – wie z. B. eine Hochschule – gesponsert werden, wird der Sponsor unter anderem folgende Kriterien beachten:

- die bisher erzielten Leistungen und Erfolge
- die Bekanntheit in der Zielgruppe
- die Beurteilung durch die Zielgruppen
- die Management-Qualifikation in der Organisation
- die PR- und Publicity-Arbeit durch die Organisation
- die Repräsentanten der Organisation
- die Eignung für eigene werblich Maßnahmen.

. . . und in allen drei Fällen natürlich die Kosten!

> Hochschulen sollten beachten, daß die Qualität ihres Managements und ihrer Öffentlichkeitsarbeit für Sponsoren von Interesse ist. Kein Unternehmen wünscht sich einen amateurhaft arbeitenden oder erscheinenden Partner.[62]

Nach der Auswahl eines konkreten Sponsorship muß das Unternehmen sich ver-traglich mit dem Gesponserten über Leistung und Gegenleistung einigen[63] und ein Budget für das Sponsorship aufstellen. Bei der Budgetierung muß der Sponsor berücksichtigen, daß neben den Leistungen an den Gesponserten („Sponsoring-

---

[61] Bruhn (1987), S. 195.
[62] Diese und weitere konkrete Kriterien bei Bruhn (1991), S. 350 ff.
[63] Zu Leistung und Gegenleistung im Hochschulsponsoring siehe unter 4.5, S. 45 ff.; zur rechtlichen Gestal-tung siehe unter 5.2, S. 66 f.

summe", „Sponsorbeitrag") vielfältige weitere Kosten anfallen. Im Einzelnen sind dies:[64]

- das Aktionsbudget, das die Kosten aller begleitenden Maßnahmen umfaßt (z. B. für Anzeigen, Hospitality, Werbebroschüren, Plakate),
- Personalkosten und Overhead-Kosten für die eigene Organisation,
- eventuelle Agenturprovisionen und
- Nachbereitungsaufwand (Ausschnittdienste, Marktforschung etc.).

Diese weiteren Kosten des Sponsoring können die Sponsoring-Summe um das Doppelte, im Einzelfall auch um ein Mehrfaches übersteigen.[65]

3.5 Nutzung der Sponsorships, Integration in die Unternehmens-kommunikation

Das Unternehmen muß überlegen, wie es das Sponsorship nutzen und mit seinen anderen Kommunikationsmaßnahmen kombinieren will. Zur Nutzung eines Sponsorship bieten sich folgende sechs Vorgehensweisen an:[66]

- **Markierung von Ausrüstungsgegenständen:**
  Der Sponsor kann seinen Namen oder ein Markenlogo auf Gebäuden, Fahrzeugen, Büchern, Computern oder Kleidungsstücken anbringen lassen, die vom Gesponserten genutzt werden. Der Professor im Werbe-T-Shirt ist denkbar, aber vielleicht kein besonders glücklicher Einfall. Die Kennzeichnung gesponserter oder anderer Gegenstände ist jedoch auch im Hochschulbereich unproblematisch möglich (⇨ FH Hamburg).

- **Nutzung von Prädikaten:**
  Prädikate wie „Offizieller Lieferant" oder „Offizieller Förderer" – meist in Verbindung mit dem Recht zur Nutzung des Logos des Gesponserten – werden vor allem im Sport-Sponsoring vergeben (aber ⇨ HWP Hamburg).

- **Titel-Sponsoring:**
  Die Benennung des Sponsoring-Objekts nach dem Sponsor ist im Hochschulbereich bei Stiftungsprofessuren schon verbreitet. In den USA bezieht sie sich oft sogar auf ganze Institute oder Hochschulen. Für die Benennung einer ganzen Hochschule gibt es in Deutschland nur das Beispiel der Otto-Beisheim-Hochschule für Unternehmensführung in Koblenz-Vallendar.

- **Hospitality**
  Kommunikative Auftritte im Umfeld der gesponserten Ereignisse, Einrichtungen oder Projekte, indem der Sponsor z. B. eigene Vorträge in der gesponserten Einrichtung veranstaltet, Kunden zu gesponserten Veranstaltungen in VIP-Logen einlädt oder seinen Außendienstmitarbeitern gesponserte Geräte in Aktion vorführen läßt.

---

[64] Vgl. Bruhn (1987), S. 196.
[65] Bruhn (1991), S. 365; Bruhn (1987), S. 196.
[66] Püttmann (1993), S. 661f.; Bruhn (1991), S. 40f.; Hermanns/Suckrow (1995), S. 36f.

- **Integration des Sponsoring-Objektes:**
  Einsatz des Gesponserten in der Unternehmenskommunikation, indem z. B. der Stiftungsprofessor in einer Anzeige des Sponsors erscheint, der Rektor bei einer Veranstaltung des Sponsors spricht oder der Leiter des gesponserten Forschungsvorhabens mit dem Sponsor einen Kunden besucht.

- **Öffentlichkeitsareit der Hochschule:**
  Herausstellung des Sponsors in der Öffentlichkeitsarbeit des Gesponserten, indem z. B. der Sponsor in der Hochschulzeitung vorgestellt, am Dies academicus erwähnt oder bei der Vorstellung des gesponserten Projekts auf einer Pressekonferenz hervorgehoben wird.

Sponsoring wird selten allein eingesetzt, sondern dient entweder als Basis für den integrativen Einsatz anderer Kommunikationsinstrumente oder als Ergänzung dieser Instrumente.[67] Nur durch Integration in den Kommunikationsmix aus klassischer Werbung, Verkaufsförderung, Public Relations, Product Publicity, Direct Marketing und innerbetrieblicher Kommunikation entfaltet es seine volle Wirkung. Dies gilt besonders für das Hochschul-Sponsoring, da die Zahl der direkt am Sponsorship Beteiligten (Gesponserte, Aktive) und der „Zuschauer" gering ist und eine Verbreitung in den Medien meist nicht stattfindet. Beispiele für Vernetzungsmöglichkeiten des Hochschul-Sponsoring sind

- **die Vernetzung mit klassischer Werbung:**
  Das Unternehmen nutzt einen gesponserten Kongreß zur Anbringung seiner aktuellen Werbeplakate; es weist in seiner Werbung in wissenschaftsnahen Medien auf ein Hochschul-Sponsoring hin. Solche Nutzungen in der Werbung nehmen 20,9 % der von Hermanns und Suckrow befragten Unternehmen vor (vgl. Abb. 4).

- **die Vernetzung mit Verkaufsförderung, Messen und Ausstellungen:**
  Potentiellen Kunden kann eine Maschine in der Hochschule vorgeführt werden, die dieser im Rahmen eines Sponsorship zur Verfügung gestellt wurde (⇨ U-GH Essen, 6.6). Ein Stiftungsprofessor kann auf einer Messe seine Arbeit und den Bezug zum Unternehmen erläutern. Der Sponsor kann auf Ausstellungen in der Hochschule sein Sponsorship vorstellen und Proben seiner Produkte anbieten. 13,4 % der Wissenschafts-Sponsoren nutzt das Sponsoring für Messen und Ausstellungen, 11,9 % für die Verkaufsförderung.

- **Vernetzung mit Public Relations:**
  Das Unternehmen lädt Pressevertreter zu einem von ihm mitfinanzierten Symposium ein. Es gibt Pressemitteilungen über das Sponsorship heraus. Es lädt Kunden und Meinungsführer zum Vortrag eines Stiftungsprofessors ein. Da Hochschul-Sponsoring in besonderer Weise die gesellschaftspolitische Verantwortung des Unternehmens verdeutlicht, eignet es sich sehr gut für eine Nut-

---

[67] Hermanns/Suckrow (1995), S. 12; Bruhn (1991), S. 51 f.; Bruhn (1987), S. 196.

zung in der Öffentlichkeitsarbeit.[68] Deshalb nehmen auch 43,3% der Unternehmen eine solche Nutzung vor.

- **Vernetzung mit Product Publicity:**
Product Publicity erfolgt mit dem Ziel, Produkte im redaktionellen Teil von Massenmedien zu plazieren. Dies wird im Hochschul-Sponsoring eher selten gelingen. Es wäre aber z. B. denkbar, die Übergabe eines Produkts, dessen Hersteller der Sponsor ist, als Nachricht mit Bild des Produkts zu verwerten. Dies gelingt in der lokalen Presse oft, wenn Fahrzeuge an Feuerwehr oder soziale Einrichtungen übergeben werden.

- **Vernetzung mit der internen Kommunikation:**
Ein Sponsor kann bei einem Betriebsausflug ein gesponsertes Institut besuchen und vor Ort über die Arbeit des Instituts informieren lassen. Er kann gesponserte Wissenschaftler um Vorträge vor seinem Beirat oder anderen Gremien des Unternehmens bitten.

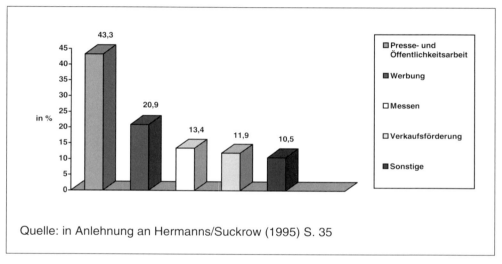

Quelle: in Anlehnung an Hermanns/Suckrow (1995) S. 35

Abb. 4: Nutzung des Hochschul-Sponsoring in der Kommunikationspolitik der Unternehmen

> Sponsoring wird selten allein eingesetzt. Die Integration in den Kommunikationsmix setzt voraus, daß das Sponsorship inhaltlich zu den übrigen Kommunikationsbotschaften des Unternehmens paßt.

---

[68] Bruhn (1991), S. 55.

Das Sponsorship muß formal abgestimmt sein (Form und Farbe verwendeter Embleme etc. ⇨ U Mannheim, 6.10) und es muß zeitlich auf andere Aktivitäten (laufende Werbekampagnen, Messen etc.) Rücksicht nehmen.[69]

3.6 Sponsoring-Kontrolle

Die Kontrolle eines Sponsorship erfolgt abschließend als Erfolgskontrolle (Evaluation) und begleitend als Prozeßkontrolle (Audit)[70] (vgl. Abb. 5).

Ergebnisorientierte Kontrolle	Prozessorientierte Kontrolle (Audit)
• Ex ante Kontrolle	• Prämissen - Audit
• Ex ante / ex post Kontrolle	• Ziel- und Strategien - Audit
• In-between Kontrolle	• Maßnahmen - Audit
	• Organisations - Audit

Quelle: Hermanns (1991) S. 31

Abb. 5: Ansätze zur Sponsoring-Kontrolle

Das **Audit** dient der ständigen Reflexion der Planung und Durchführung eines Sponsorship. Es hilft einmal dabei, Fehler möglichst frühzeitig zu erkennen und zu korrigieren. Zum anderen soll es sicherstellen, daß Umfeldveränderungen erkannt und die Planung und Durchführung des Sponsorship rechtzeitig diesen Veränderungen angepaßt werden kann. Das Audit kann sich beziehen auf[71]

- **Prämissen:**
  Abgleich der Annahmen, die zu Beginn der Planung über Entwicklungen in Unternehmen und Umwelt bestanden, mit der tatsächlichen Entwicklung.
- **Ziele und sonstige Strategie:**
  Andauernde Überprüfung der Strategie auf Schlüssigkeit, Vollständigkeit, Realisierbarkeit; Abgleich der Sponsoring-Strategie mit übergeordneten Zielen und Strategien des Unternehmens.
- **Maßnahmen:**
  Abgleich der geplanten und laufenden Einzelmaßnahmen untereinander und mit der Sponsoring-Strategie.
- **Organisation:**
  Andauernde Überprüfung der organisatorischen Regelungen und tatsächlichen Abläufe auf Korrekturbedarf.

---

[69] Bruhn (1987), S. 195 f.; Mussler, S. 34.
[70] Püttmann (1993), S. 664.
[71] Püttmann, S. 665.

Die abschließende **Erfolgskontrolle** soll klären, ob die festgelegten Ziele erreicht wurden, wieweit einzelne Nutzungsmaßnahmen des Sponsorship hierzu beigetragen haben und ob die Ziele mit wirtschaftlich vertretbarem Aufwand erreicht wurden.[72] Da die Ziele des Sponsoring überwiegend psychographischer und langfristiger Natur sind, ist ihre Überprüfung schwierig. Befragungen der Zielgruppen vor, während und in verschiedenen Abständen nach dem Sponsorship in Bezug auf Bekanntheit des Sponsor und dessen Image sind notwendig. Da Sponsoring aber selbst verschiedenste Nutzungsmaßnahmen beinhaltet und außerdem mit anderen Kommunikationsaktivitäten vernetzt ist, ist letztlich kaum klärbar, auf welche Einzelmaßnahme ein Erfolg zurückgeht.

Zudem ist das Kontrollverfahren sehr aufwendig und damit teuer. Deshalb führt nur knapp ein Drittel aller Sponsoren eine solche empirische Kontrolle durch, fast ein Drittel verzichtet ganz auf eine Erfolgskontrolle.[73] Viele verlassen sich nur auf ihre eigene subjektive Einschätzung, zufällige Reaktionen von Kunden oder die Meinung von Experten. Über 40 % überprüfen allerdings durch Medienauswertungen das Erreichen der Werbewirkung des Sponsorship. Gerade dieses ökonomische Sponsoring-Ziel spielt aber im Hochschul-Sponsoring keine große Rolle. Die schwer erfaßbare Kosten-Nutzen-Relation wird deshalb von den Unternehmen auch als größtes Hemmnis des Wissenschafts-Sponsoring gesehen (vgl. Abb. 6).

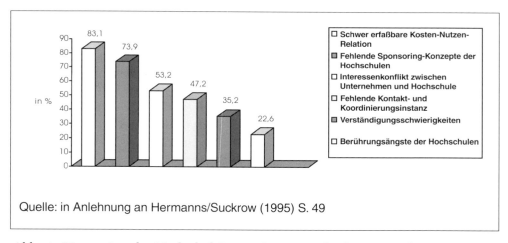

Quelle: in Anlehnung an Hermanns/Suckrow (1995) S. 49

Abb. 6: Hemmnisse des Hochschul-Sponsoring aus Sicht der Unternehmen

---

[72] Püttmann (1993), S. 665; ausführlich hierzu Bruhn (1991), S. 381 ff., 412 ff.; Hermanns (1991); Meyer (1992).
[73] Püttmann (1993), S. 667.

4 Die Strategie des Gesponserten

Professionelle Sponsoren entwickeln eine Strategie für ihr Vorgehen. Um der Verschwendung von Ressourcen vorzubeugen, überlegen sie, welche Ziele des Unternehmens sie mit Sponsoring erreichen können, welche Arten von Sponsorships hierzu dienlich sein können, wie sie ein Sponsorship optimal nutzen, den Ablauf und Erfolg kontrollieren und all diese Aktivitäten intern organisieren können. Sponsoring ohne Strategie ist suboptimal, sein Erfolg zufällig.

Das gleiche gilt für den Gesponserten. Zwar wird es auch ohne Strategie bisweilen gelingen, aufgrund bestehender Beziehungen zur Wirtschaft einen Sponsor zu finden. Und wenn der einmal die Sponsoring-Summe überwiesen hat, ist die Nutzung des Sponsorship sein Problem. Dieser Ansatz, der in der amateurhaften Spendenwerbung noch gerade eben funktionieren mag, wird im Sponsoring nicht weit führen. Sponsor und Gesponserter sind Geschäftspartner. Je professioneller die Sponsoren arbeiten, desto professionellere Partner brauchen und erwarten sie. Ein Partner, der seine eigenen Spielregeln nicht kennt, ist nicht besonders attraktiv. 53,9 % der von Hermanns und Suckrow befragten Unternehmen, die Erfahrungen mit Wissenschafts-Sponsoring haben, sehen denn auch eine fehlende Sponsoring-Konzeption der Hochschulen als Hemmnis für das Wissenschafts-Sponsoring an (vgl. Abb. 6). 64,3 % versprechen sich von solchen Konzepten eine Verbesserung der Zusammenarbeit.[74]

> Eine Sponsoring-Strategie verbessert aber nicht nur die Qualität der Zusammenarbeit im Einzelfall. Vor allem führt sie dazu, daß Sponsoring in einer Hochschule überhaupt zu einer breiteren Anwendung kommt. Die Mitglieder der Hochschule werden durch eine Strategie ermuntert, sich über Sponsoring Gedanken zu machen, und sie erhalten Anregungen und Vorgaben für eigene Aktivitäten. Für Sponsoren ist die Strategie ein Zeichen, daß sie in der Hochschule einen aktiven und professionellen Partner für ihr Sponsoring finden werden.

4.1 Grundsatzüberlegungen zur Sponsoring-Strategie einer Hochschule

Es gilt, Sponsoring als ein organisches Element in der Kultur der Hochschule zu verankern. Wenn dies nicht gelingt, wird Sponsoring von Hochschulmitgliedern nicht als adäquates Finanzierungsinstrument akzeptiert werden und folglich nicht oder zumindest nur halbherzig, also auch nur mit halbem Erfolg angewandt werden. Ein erstes Nachdenken über eine Sponsoring-Strategie muß deshalb mit einer Analyse der Situation an der Hochschule beginnen. Diese Analyse muß

---

[74] Hermanns/Suckrow, S. 58 f.

neben den Erfahrungen, die bereits mit Sponsoring gemacht wurden, vor allem die Kultur der Hochschule erfassen, soweit sie für Sponsoring relevant sein kann. Die Identität der Hochschule, die Grundsätze ihres Handelns und die Einstellungen der Hochschulmitglieder zum Sponsoring müssen hier ermittelt werden. Ferner müssen die Aufgaben, die die Hochschule zu erfüllen hat bzw. die sie erfüllen will, mit den vorhandenen Mitteln in Bezug gesetzt werden, um zu klären, ob und mit welcher Dringlichkeit ein Finanzierungsbeitrag durch Sponsoring benötigt wird. Aufgrund der Analyse kann dann entschieden werden, ob die Hochschule sich überhaupt im Sponsoring engagieren, also aktiv als Partner bei der Verfolgung der Kommunikationsziele von Unternehmen auftreten will. Ferner wird aus der Analyse klar, inwieweit hochschulintern noch Überzeugungsarbeit geleistet werden muß. Immerhin sehen 34,3 % der Hochschulen Berührungsängste bei der Zusammenarbeit mit Unternehmen als Hemmnis des Wissenschafts-Sponsoring an.[75]

Die genannten grundlegenden Schritte zur Entwicklung einer Sponsoring-Strategie müssen dann nicht mehr gesondert durchgeführt werden, wenn die Hochschule bereits über eine Marketing-Strategie verfügt. Die Situationsanalyse ist nämlich Bestandteil der Entwicklung einer Marketing-Strategie[76] und auch die Entscheidung für oder gegen Sponsoring ist dort bereits festgeschrieben. Falls es eine Hochschul-Marketing-Strategie gibt, muß die Hochschul-Sponsoringstrategie Bezug auf die dort festgelegten Grundsätze nehmen und darf keine widersprüchlichen Regelungen treffen.

4.2 Akzeptanzprobleme

Die Gefährdung des Grundsatzes der Freiheit von Lehre und Forschung ist ein mögliches Risiko des Wissenschafts-Sponsoring. Hochschul-Sponsoring muß so ausgestaltet sein, daß dieses Risiko sich nicht realisieren kann. Die Unabhängigkeit der Hochschulen bei der Wahrnehmung ihrer Aufgaben darf durch Sponsoring nicht gefährdet werden. Dieser Grundsatz muß unbedingt in der Sponsoring-Strategie verankert werden. Dies hilft auch, die Akzeptanz des Hochschul-Sponsoring zu erhöhen. Daß in den Hochschulen eine gewisse Angst vor einem „Verkauf" an die Wirtschaft besteht, zeigt Abbildung 7. Zwar erachten die Hochschulen das Risiko einer Abhängigkeit für eher gering[77] und die Praxis des Sozial-Sponsoring hat eine Beeinflussung durch Sponsoren nicht festgestellt:[78] Die teilweise negativen Erfahrungen im Sport, der viel stärker vom Sponsoring abhängig ist, haben aber die Öffentlichkeit sensibilisiert. Es ist zur Vermeidung von Reaktanzen im Interesse von Sponsor und Gesponsertem wichtig, hier Befürchtungen einer Beeinflussung gar nicht aufkommen zu lassen.[79]

[75] Hermanns/Suckrow, S. 47.
[76] Siehe unter 2.2.1, S. 23f.
[77] Hermanns/Suckrow (1995), S. 51f.
[78] Gesterkamp u. a. (1994), S. 34.
[79] Hermanns/Suckrow (1995), S. 21.

Abb. 7: Titelbild HWP Magazin 3/96.

Ein anderes Problem für die Akzeptanz von Hochschul-Sponsoring kann sich dann ergeben, wenn für die Hochschulmitglieder oder die Öffentlichkeit nicht akzeptable Sponsoren als Partner gewählt werden. Hierzu sollte die Strategie zumindest einige grundsätzliche Erwägungen festlegen. So könnten hier Unternehmen ausgeschlossen werden, die schwerpunktmäßig in bestimmten Branchen (z.B. Zigaretten, Alkohol, Rüstung)[80] arbeiten, die bestimmte Standards z.B. im Umwelt- oder Sozialbereich nicht erfüllen oder die in Korruption oder andere kriminelle Aktivitäten verstrickt waren. Umgekehrt kann die Hochschule auch Bereiche empfehlen, aus denen Sponsoren besonders gern gesehen werden, weil sie gut zu dem angestebten Image der Hochschule passen und eine Partnerschaft besonders glaubwürdig wirkt.[81]

Akzeptanzfragen sind für das Funktionieren eines Sponsorship von großer Bedeutung.[82] Wer mit einem Sponsor nur „zähneknirschend" zusammenarbeitet, weil er

---

[80] Vgl. für Sponsoring an Schulen: o.V. (1996), S. 23.
[81] Wirz (1988), S. 393.
[82] Gesterkamp u.a. (1994), S. 34.

Geld braucht, wird kaum Erfolg haben. Der ernste Wille zu einer wirklichen Partnerschaft wird spätestens dann notwendig, wenn gemeinsame öffentliche Auftritte erfolgen sollen. Hier wird das Engagement des Unternehmens sofort unglaubwürdig – und damit für die Kommunikationsarbeit des Sponsors kontraproduktiv –, wenn die mangelnde Akzeptanz des Sponsoring an sich oder des Sponsors spürbar wird. In der Hochschule, wo Akzeptanz noch weniger als anderswo „verordnet" werden kann, ist deshalb Überzeugungsarbeit nach innen und Gespür für vorhandene Ressentiments sehr wichtig.

4.3   Organisatorische Regelungen

51,9 % der Hochschulen und 47,2 % der Unternehmen halten eine fehlende Kontakt- und Koordinierungsinstanz für ein Einsatzhemmnis des Wissenschafts-Sponsoring,[83] 70,6 % der Unternehmen glauben, daß die Schaffung eines Sponsoringbeauftragten der Hochschule die Zusammenarbeit optimieren könnte.[84] Organisatorische Maßnahmen haben demnach nicht nur nachgeordnete Bedeutung für das Funktionieren des Hochschul-Sponsoring. Die Sponsoringstrategie muß eine zuständige Koordinierungsstelle benennen und sie muß die Wege festlegen, auf denen die Kooperation zwischen einzelnen Hochschulangehörigen, Lehrstühlen, Fachbereichen, der Hochschulverwaltung und der Koordinierungsstelle funktionieren soll. Unklare Verwaltungswege waren schon am Scheitern von Sponsorships beteiligt (6.7) und Koordination tut Not, wenn ein Sponsor nicht zugleich auf verschiedene Sponsorships angesprochen und damit sofort von der Unprofessionalität der Hochschule überzeugt werden soll. Andererseits darf die Zentralisierung nicht zu weit gehen, denn der Grad der Zielerreichung nimmt in den Hochschulen ab, je zentraler die für Sponsoring zuständige Stelle angesiedelt ist.[85] Als allgemeine Kontaktstelle, als Koordinator und als Know-how- und Ressourcenzentrum ist eine zentrale Stelle jedoch notwendig. Bei der Abwicklung laufender Sponsorships kann sie dann eher in den Hintergrund treten. Die Arbeitsweise der an den meisten Hochschulen bestehenden Transferstellen kann hierbei als Anhaltspunkt für die Rollenverteilung dienen.

> Organisatorische Maßnahmen sind von großer Bedeutung für das Funktionieren des Hochschul-Sponsoring.

So ist es notwendig, z. B. auch Regelungen für Mittelflüsse etc. zu treffen, die sich aus den rechtlichen Rahmenbedingungen ergeben können. Dabei müssen auch die besonderen Probleme im Steuerrecht berücksichtigt werden, auf die weiter unten noch kurz eingegangen wird.[86]

---

[83] Hermanns/Suckrow (1995), S. 47 ff.
[84] Hermanns/Suckrow (1995), S. 58.
[85] Hermanns/Suckrow (1995), S. 45.
[86] Siehe unter 5.3.2, S. 70 f.

Schließlich ist auch der Einsatz von **Sponsoring-Agenturen** oder einzelnen Beratern ein organisatorisches Problem. Eine Agentur kann fast alle beim Sponsoring anfallenden Arbeiten wie Konzeptionierung, Sponsoren-Suche, Durchführung und Kontrolle übernehmen. Allerdings ist ihre Beauftragung nur dann sinnvoll, wenn sie ein größeres Know-how als die Hochschule selbst hat. Die Auswahl und Ansprache potentieller Sponsoren ist meist der geeignetste Einsatzbereich für eine Agentur. Vermittlungsagenturen sind auf diese Aufgabe spezialisiert.[87] Erfahrene Agenturen kennen die Firmenlandschaft, die Ziele potentieller Sponsoren und die Ansprechpartner. Sie wissen, wie erfolgreiche Akquisitionskonzepte aussehen müssen und welche Gegenleistungen für welche Leistungen verlangt werden können. Sponsoren fühlen sich vielleicht auch sicherer, wenn sie mit einer ihnen bekannten Agentur zusammenarbeiten können.

Als Nachteile einer Zusammenarbeit bleiben der hohe Preis für Agenturleistungen und die Tatsache, daß es noch keine Agentur und nur wenige Berater gibt, die nennenswerte Erfahrungen mit Hochschul-Sponsoring gemacht hätten. Die Übertragung von Erfahrungen aus anderen Sponsoring-Arten ist nämlich nicht unproblematisch. Deshalb glauben auch nur 29,8 % der Hochschulen und 19,5 % der Unternehmen, mit Hilfe einer Agentur die Zusammenarbeit im Sponsoring verbessern zu können.[88] Entsprechend sollte die Sponsoring-Strategie den Einsatz von Agenturen oder Beratern nur dann empfehlen, wenn diese nachweisen können, über das konkret benötigte Know-how zu verfügen.

4.4 Ziele des Gesponserten

Für die Hochschule ist das primäre Ziel des Sponsoring die Beschaffung von Mitteln für ihre Arbeit (vgl. Abb. 8). Daneben kann die Hochschule aber auch – wie der Sponsor – eigene Kommunikationsziele und sogar Lernziele verfolgen.

4.4.1 Beschaffungsziele

54 % aller Hochschulen betrachten die Beschaffung von Mitteln als Hauptziel von Sponsoring-Aktivitäten. Dabei nimmt die Bedeutung von Beschaffungszielen zu, je professioneller eine Hochschule im Sponsoring vorgeht.[89] Neben Geldmitteln können auch Sachmittel für die Ausstattung der Hochschule oder Dienstleistungen beschafft werden. Finanzleistungen stehen im Hochschul-Sponsoring mit etwa 60 % der Gesamtleistungen im Vordergrund, Sachleistungen erhielten etwa 18 % der Hochschulen, Dienstleistungen etwa 16 %.[90] Einzelheiten möglicher Leistungen des Sponsors werden noch unter 4.5.2 behandelt.

---

[87] Bruhn (1991), S. 408 ff.
[88] Hermanns/Suckrow (1995), S. 56.
[89] Hermanns/Suckrow (1995), S. 43 f. Dabei unterscheidet die Untersuchung die Beschaffungsziele „Überwindung der Budgetrestriktion", „verstärkte Forschungsaktivitäten" und „Ausbau/Bewahrung der Kapazitäten".
[90] Hermanns/Suckrow (1995), S. 39 f.

4.4.2 Kommunikationsziele

Für 37,8 % der Hochschulen waren Kommunikationsziele die wichtigsten Ziele des Sponsoring. Diese Kommunikation hat allerdings eine äußerste einseitige Zielgruppe: 35,1 % suchten den Kontakt mit der Wirtschaft, nur 2,7 % hatten einen allgemeinen Imagegewinn als Ziel. Wurde nicht nach dem wichtigsten Ziel, sondern nach Zielen des Sponsoring insgesamt gefragt, stieg der Imagegewinn auf 9,9 % an.[91] Diese Zahlen und auch die Auswertung der vom Stifterverband durchgeführten Befragung zeigen deutlich, daß die Hochschulen hier noch eine Chance vertun. Dies liegt sicherlich daran, daß Profilierung und Selbstdarstellung für Hochschulen noch nicht sehr wichtig sind. Entsprechend gering sind das Bewußtsein für diese Themen und die technischen und personellen Ressourcen in diesem Bereich. Verschiedene Beispiele zeigen aber, daß sich dies zu ändern beginnt (⇨ TU Dresden, 6.2/HWP Hamburg, 6.4/U Mannheim 6.10). Mit der wachsenden Notwendigkeit zur Beschaffung zusätzlicher Mittel aus dem öffentlichen und privaten Bereich und mit der Einführung einer stärker wettbewerblich ausgerichteten Struktur der Hochschullandschaft wird diese Änderung fortschreiten. Da ein Sponsor an einer möglichst großen Bekanntheit und einer möglichst positiven Darstellung des Gesponserten und des Sponsorship interessiert ist, ist er für die Hochschule ein idealer Partner zur Verfolgung entsprechender Kommunikationsziele.

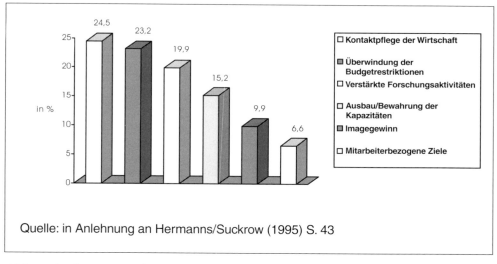

Quelle: in Anlehnung an Hermanns/Suckrow (1995) S. 43

Abb. 8: Zielsetzungen der Hochschulen für das Hochschul-Sponsoring

So kann ein Teil der Leistung des Sponsors an die Hochschule darin bestehen, daß er Anzeigen zum Sponsoring und entsprechende Pressemitteilungen nicht nur in den für seine Zielgruppen interessanten Medien lanciert, sondern auch in Medien,

---

[91] Hermanns/Suckrow (1995), S. 43 f.

die die Zielgruppen der Hochschule ansprechen. Pressekonferenzen und Einladungen können von Sponsor und Hochschule gemeinsam initiiert und für die Zielgruppen beider durchgeführt werden. Der Stiftungsprofessor kann nicht nur vor den Zielgruppen des Sponsors vortragen, sondern auch der Sponsor am Dies academicus. Mit einem gut ausgewählten Sponsor kann ein Verhältnis aufgebaut werden, bei dem ein Imagetransfer auch vom Unternehmen auf die Hochschule erfolgt.[92]

> Die Hochschulen vergeben gegenwärtig noch Chancen, was die kommunikative Nutzung von Sponsorships angeht. Dies liegt sicherlich daran, daß Profilbildung und Selbstdarstellung für Hochschulen noch nicht sehr wichtig sind. Die Nutzung solcher Chancen setzt nämlich voraus, daß die Hochschule weiß, wem sie was mitteilen und wie sie sich darstellen will. Dazu benötigt sie – genau wie der Sponsor – ein Kommunikations-Konzept, möglichst als Bestandteil eines Marketing-Konzepts.

4.4.3 Lernziele

Bruhn weist darauf hin, daß der Sponsor dem Gesponserten auch Know-how vermitteln, ihn also etwas lehren kann.[93] Durch sog. „Secondments", also die Entsendung von Mitarbeitern des Unternehmens für längere Zeit in die Hochschule, oder durch die kurzfristige Überlassung von Beratern kann Wissen aus den Unternehmen in die Verwaltung der Hochschule selbst, aber auch in die Lehre gebracht werden. Anknüpfend an das, was gerade zu den Kommunikationszielen gesagt wurde, kann dieses Know-how z. B. zur Professionalisierung der Öffentlichkeitsarbeit der Hochschulen genutzt werden.[94] Ein solcher Know-how-Transfer braucht nicht einmal gesondert vereinbart zu werden. Er wird sich aus der Zusammenarbeit beim Sponsoring häufig von selbst ergeben.

Und noch ein Lerneffekt wird aus den Sponsorships von selbst entstehen: Das Bewußtsein in den Hochschulen wird sich wandeln, Berührungsängste mit der Wirtschaft werden nachlassen[95] und das zukünftig nötige Verständnis für Marktwirtschaft und Wettbewerb werden wachsen.

4.5 Leistung und Gegenleistung

Wie schon die Definition gezeigt hat,[96] ist Sponsoring ein Geschäft auf Gegenseitigkeit. Auch wenn Sponsoring für viele Unternehmen einen Förderaspekt hat, muß die Hochschule für den Sponsor eine Leistung erbringen. Diese Leistung ist

---

[92] Wirz (1988), S. 393.
[93] Bruhn (1991), S. 294.
[94] Vgl. Schiewe (1994), S. 40 f.
[95] Zahlen zur Veränderung dieser Faktoren durch Erfahrung mit Sponsoring bei Hermanns/Suckrow (1995), S. 48, 52.
[96] Vgl. unter 2.1.1, S. 17.

es, die den Sponsor seinerseits zu einer Gegenleistung veranlaßt, wenn sie ihm bei der Erreichung seiner Ziele hilft und ihm angemessen zu seiner Gegenleistung erscheint.

4.5.1 Leistung des Gesponserten

Das Sponsoring-Angebot der Hochschulen besteht aus vier Komponenten,[97] nämlich

- dem **Vorgang,** der gesponsert werden soll (Sponsoring-Objekt, z. B. Symposium, Stiftungsprofessur, Forschungsvorhaben, Bibliotheksausstattung),

- den **zusätzlichen Leistungen,** die dem Sponsor helfen sollen, seine kommunikativen Ziele zu erreichen (kommunikative Unterstützung, z. B. Anbringung von Logos und Plakaten, Herausgabe einer Pressemitteilung, Auftritt auf einer Pressekonferenz des Sponsors),

- dem **Image** der Wissenschaft, einzelner Wissenschaftsdisziplinen, der höheren Bildung, der Hochschule, der Fakultät, des Fachbereichs oder einzelner Hochschulangehöriger, dessen Transfer der Sponsor erreichen möchte, und

- den **Zielgruppen,** die der Sponsor über die Hochschule erreichen kann.

Für die strategische (Grob-) Auswahl des Angebots muß sich der Gesponserte überlegen, welche Ziele ein möglicher Sponsor mit dem Angebot erreichen kann. Dabei muß er die generellen Ziele kennen und zugrunde legen, die Sponsoren erreichen wollen.[98] Erst in der späteren Zusammenarbeit mit einem konkreten Sponsor kann das Angebot dann an dessen tatsächliche Ziele angepaßt werden.

4.5.1.1 Sponsoring-Objekt

Sponsoring-Objekt ist die Aktivität, für deren Realisierung die Leistung des Sponsors verwendet werden soll. Das Sponsoring-Objekt ist für den Sponsor in zweierlei Hinsicht wichtig. Zum einen muß es seinen mit dem Sponsoring mehr oder weniger verbundenen Förderinteressen entgegenkommen. Dazu ist es notwendig, daß es sich für ihn subjektiv um ein inhaltlich sinnvolles, gesellschaftlich nützliches Vorhaben handelt. Der Sponsor muß das Gefühl haben, Forschung und/oder Lehre mit dem Sponsorship voranzubringen. Zum anderen ist das Sponsoring-Objekt deshalb für den Sponsor wichtig, weil es die Grundlage für seine kommunikativen Aktivitäten bildet. Deshalb muß es zu seiner Unternehmenskultur und zu den vom ihm verfolgten psychographischen oder ökonomischen Zielen passen und es muß vermarktbar sein. Diese Vermarktbarkeit setzt voraus, daß sich die Zielgruppen des Sponsors für das Sponsoring-Objekt interessieren lassen.

---

[97] Vgl. Bruhn / Mussler (1991), S. 41 ff.
[98] Siehe unter 3.2, S. 27 f.

Daraus wird oft gefolgert, nur möglichst spektakuläre Vorhaben seien als Sponsoring-Objekte geeignet, während Routinevorhaben oder gar Verwaltungsvorgänge gänzlich ungeeignet seien.[99] Für das Hochschul-Sponsoring ist diese Aussage nur bedingt richtig, weil die Mitglieder der Hochschule bereits eine der wichtigsten Zielgruppen des Hochschul-Sponsoring sind.[100] Sie werden aber mit Verwaltungsmaßnahmen oft täglich konfrontiert. Die Anbringung des Logos der Techniker Krankenkasse auf den Bibliothekausweisen der ⇨ Fachhochschule Hamburg (6.13) ist ein gelungenes Beispiel für das Sponsoring eines Verwaltungsvorganges. Die Strategie der Hochschule bei der Auswahl geeigneter Sponsoring-Objekte sollte demnach nicht ausschließlich auf möglichst spektakuläre Vorhaben gerichtet sein.

4.5.1.2 Kommunikative Unterstützung

Für den Sponsor, der weniger Förderinteressen als die kommunikative Nutzung des Sponsorship verfolgt, stehen die Leistungen der Hochschule zur Unterstützung seiner kommunikativen Ziele im Vordergrund. Die grundsätzlich möglichen Arten von Angeboten, die die Hochschule hier machen kann, entsprechen den bereits oben[101] dargestellten Nutzungsmöglichkeiten aus der Sicht des Sponsors:

- Markierung von Ausrüstungsgegenständen (dieses Angebot machen im Moment 17,7% der Hochschulen[102]/20,6% der Unternehmen würden zukünftig gerne ein solches Angebot nutzen)
- Nutzung von Prädikaten (5,2%/20,6%)
- Titel-Sponsoring (9,4%/8,8%)
- Kommunikative Auftritte im Umfeld des Sponsorship (Zahlen nur für den Auftritt bei wissenschaftlichen Veranstaltungen: 30,2%/23,5%)
- Einsatz des Gesponserten in der Unternehmenskommunikation (keine Angaben)
- Herausstellung des Sponsors in der Öffentlichkeitsarbeit der Hochschule (34,4%/26,5%).

Beispiele für die Umsetzung der verschiedenen Nutzungsmöglichkeiten finden sich in der Literatur.[103]

In ihrer grundsätzlichen Sponsoring-Strategie muß sich die Hochschule überlegen, zu welchen Leistungen zur kommunikativen Unterstützung des Sponsors sie bereit und in der Lage ist. Ferner muß sie festlegen, wer bei der Leistungserbringung mitwirken soll bzw. muß, insbesondere wieweit die zentrale Pressestelle der Hochschule eingebunden wird. Die strategischen Festlegungen müssen sich auch mit der Akzeptanz einzelner Leistungsarten beschäftigen. So muß z.B. die Ver-

---

[99] Gesterkamp u.a. (1994), S. 26, 29, 33.
[100] Vgl. hierzu noch unter 4.5.1.4, S. 49f.
[101] Vgl. 3.5, S. 34ff.
[102] Diese und die folgenden Angaben nach Hermanns/Suckrow (1995), S. 36ff.
[103] Siehe unter 3.5, S. 34ff.; Bruhn (1991), S. 357f., 370ff.; Schiewe (1994), S. 87.

gabe von Stellen der Hochschule an Mitarbeiter des Sponsors (⇨ U Rostock, 6.5) geklärt sein, um den Eindruck zu vermeiden, der Sponsor könne Stellen kaufen. Es muß der Einfluß des Sponsors auf die Vergabe und Besetzung von gesponserten Professuren geregelt werden, um einen Eingriff in die Hochschulautonomie zu verhindern. Der Zugriff des Sponsors auf die Ergebnisse gesponserter Forschung muß geregelt sein. Die Hochschule muß klären, welche Prädikate sie grundsätzlich bereitstellen will, und wie teuer sie sein sollen, um die Nutzung nicht akzeptabler Phantasieprädikate und Konflikte um Preise zu verhindern. Beim Titel-Sponsoring muß geklärt sein, bis zu welcher Objektgröße eine Benennung nach dem Sponsor möglich sein soll. Für eine große Universität wäre sicher das Modell der Otto-Beisheim-Hochschule, die sich insgesamt nach einem Großspender benannt hat, nicht akzeptabel. Es muß geklärt sein, wer in der Hochschule Veröffentlichungen des Sponsors über das Sponsoring zu genehmigen hat, um nicht akzeptable Darstellungen der Hochschule in der Öffentlichkeit zu verhindern, usw. Die Akzeptanz der Leistungen der Hochschule ist von großer Bedeutung für die Gesamtakzeptanz des Sponsoring, die wiederum für das Gelingen der Zusammenarbeit insgesamt mitentscheidend ist.[104]

In der strategischen Vorbereitung eines einzelnen Vorhabens müssen die anzubietenden Leistungen zur kommunikativen Unterstützung sich im wesentlichen nach den Möglichkeiten richten, die das Sponsoring-Objekt bietet. Daneben muß auch berücksichtigt werden, welche Leistungen der Gesponserte mit seiner personellen und Sachausstattung und seinem Know-how überhaupt erbringen kann und will. Es ist kontraproduktiv, den ganzen Katalog möglicher Unterstützungsleistungen abzuschreiben und den Sponsor dann in der Realisierungsphase zu enttäuschen und zu verärgern.

> Die Hochschule muß sich überlegen, zu welchen Leistungen zur kommunikativen Unterstützung des Sponsors sie bereit und in der Lage ist. Anders als für die Hochschule ist für den Sponsor die kommunikative Auswertung des Sponsorship kein nebensächliches Beiwerk, sondern die Hauptsache!

4.5.1.3 Image

Für die vom Sponsor im Hochschul-Sponsoring hauptsächlich verfolgten psychographischen Ziele „Goodwill" und „Image-Transfer" ist das Image der Wissenschaft und Hochschulen insgesamt ebenso wichtig wie das Image der konkreten Wissenschaftsdisziplin, Hochschule, Fakultät und des Fachbereichs, aus dem das Sponsoring-Objekt stammt, sowie letztlich das Image des Sponsoring-Objekts selbst. Für die Erzeugung von Goodwill ist eine Förderaktivität im Bereich der Wissenschaft sehr geeignet. Fast 70 % der Bevölkerung hielten Mitte der 80er Jahre eine Förderung von Forschung/Wissenschaft für sehr/ziemlich wichtig.[105]

---

[104] Vgl. schon unter 4.2, S. 40ff.
[105] Hermanns/Suckrow (1995), S. 20.

Welche Image-Dimensionen in einzelnen Wissenschaftsdisziplinen angeboten werden können, ist nicht untersucht. Hier muß der Gesponserte Plausibilitätsüberlegungen anstellen, die weniger auf seiner Innensicht, sondern mehr auf allgemeinen Urteilen und Vorurteilen, d. h. auf dem Fremdbild, beruhen müssen. Allerdings verfügen nur wenige Hochschulen über Kenntnisse ihres eigenen Images oder das einzelner Fakultäten in der Öffentlichkeit. Hier kann mit Einschränkungen auf die verschiedenen existierenden Rankings hingewiesen werden, wobei deren objektiver Gehalt weniger wichtig ist als ihre Wirkung auf die Zielgruppen des Sponsors. Am ehesten ist wohl noch die Einschätzung des Images des Sponsoring-Objekts selbst in der Hochschule oder der interessierten Öffentlichkeit möglich, auch dies bleibt aber subjektiv.

Wegen der erheblichen Bedeutung des Images gerade im Hochschul-Sponsoring ist es dringend notwendig, empirische Grundlagen über diese Faktoren zu beschaffen und für potentielle Sponsoren aufzuarbeiten. Die Hochschule selbst sollte – vorzugsweise als Teil ihres Profilbildungsprozesses bzw. einer Marketing-Strategie – in der Lage sein, hier Abhilfe zu schaffen.

4.5.1.4 Zielgruppen[106]

Die Zielgruppen für die Sponsoring-Botschaft kommen einmal aus dem Bereich des Sponsors, zum anderen aus dem des Gesponserten. Für das Angebot an den Sponsor ist es deshalb wichtig, darzustellen, welche Zielgruppen er über die Hochschule erreichen kann. Solche Zielgruppen sind z. B.

- die Mitglieder der Hochschule
- die Mitglieder von Organisationen, die der Hochschule nahestehen (Förderkreis, An-Institute u. ä.)
- die lokale/überregionale Wissenschaftspresse
- die Lokalpresse
- die an der Hochschule interessierte Öffentlichkeit
- das Fachpublikum einzelner Wissenschaftsdisziplinen
- Wissenschaftsadministration und -politik.

> Die Zielgruppe ist um so wertvoller, je mehr sie den Sponsor interessiert und je weniger er sie auf anderen Wegen erreichen kann.

Um dem Sponsor eine Abschätzung zu ermöglichen, muß er genauere Informationen über die Zielgruppen erhalten. Diese beziehen sich zunächst auf deren Größe[107] (Anzahl der Hochschulangehörigen ist bekannt, Größe der interessierten Öffentlichkeit ist z. B. über Besucherzahlen am Dies academicus zu schätzen, Größe eines Fachpublikums über die Verbreitung von Fachzeitschriften, Verlage

---

[106] Hierzu grundsätzlich unter 3.2, S. 27ff.
[107] Bruhn (1991), S. 333.

haben meist Mediadaten). Innerhalb der Zielgruppen sind die Merkmale der Mitlieder von Interesse,[108] wie z. B. Altersstruktur, Verteilung Frauen/Männer, Einkommensschichten, Wohnorte und Konsumverhalten. Diese Daten sind meist nur teilweise bekannt.

Die Erreichbarkeit der Zielgruppen ist unterschiedlich, meist allerdings gut und für manche Fälle ideal. Verknüpft ein Unternehmen z. B. sein Hochschul-Sponsoring mit dem Personal-Marketing, bietet sich ein sonst kaum zu erreichender Zugriff auf qualifizierten Nachwuchs.[109] Käme die Hochschule dem noch mit einem eigenen Absolventen-Marketing entgegen ...!

Da Hochschulen häufig zu den größten Einrichtungen am Ort zählen, bilden ihre Mitglieder auch quantitativ eine zumindest lokal bedeutsame Zielgruppe. Wenn es nicht ausnahmsweise gelingt, die überregionale (Wissenschafts-) Presse zu begeistern (⇨TU Dresden, 6.14), bietet das Hochschul-Sponsoring sonst allerdings hinsichtlich ihrer Größe begrenzte Zielgruppen, die sich eher durch qualitative Gesichtspunkte wie weitgehende Homogenität und gute Erreichbarkeit auszeichnen.

4.5.2   Gegenleistung des Sponsors

In der nächsten Phase der strategischen Planung eines Sponsoring-Vorhabens muß sich der Gesponserte mit der Frage befassen, welche Art der Gegenleistung er vom Sponsor in welcher Höhe verlangen will.

4.5.2.1   Art der Gegenleistung

Wie schon erwähnt, besteht die Gegenleistung des Sponsors meistens in Geld.[110] Daneben sind aber auch Sach- (⇨ U-GH Essen, 6.6) und Dienstleistungen (⇨ U Erlangen-Nürnberg, 6.12) möglich. Der Sponsor kann grundsätzlich alle Ressourcen in ein Sponsorship einbringen. Ein moderner Sponsor versucht dabei, möglichst solche Leistungen zu erbringen, die seine eigene Kompetenz verdeutlichen.[111] In der Öffentlichkeitsarbeit kann er damit seine Kompetenzen zeigen und durch die inhaltliche Verbindung wird das Sponsorship glaubwürdiger. Dem gleichen Ziel dient es, wenn der Sponsor sich möglichst vielfältig für das Sponsoring-Objekt engagiert. Womöglich kann er neben Geld seine eigenen Produkte einsetzen, geeignete Mitarbeiter abordnen, gegebenenfalls auch über einen längeren Zeitraum (Secondment), oder eigene Dienstleistungen erbringen.

---

[108] Bruhn/Mussler (1991), S. 44.
[109] Vgl. unter 2.1.3, S. 21.
[110] Vgl. unter 4.4.1, S. 43.
[111] Vgl. Westebbe/Logan (1995), S. 14 f.

Die Hochschule sollte den Sponsor zu einem solchen möglichst vielfältigen Engagement ermuntern. Zum einen erhöht es die Bindung des Sponsors, zum anderen erhöht sich so meist der Gesamtwert der Gegenleistung. Außerdem kann die Hochschule unter Umständen wichtiges Know-how vom Sponsor erwerben.

Als Gegenleistung des Sponsors können nicht nur Ressourcen erlangt werden, die unmittelbar dem Sponsoring-Objekt zugute kommen. Es kann z.B. auch eine Finanzierung der Bemühungen der Hochschule um ihre eigenen Kommunikationsziele im Zusammenhang mit dem Sponsoring vereinbart werden[112] (⇨ FH Hamburg, 6.13). Der einzige Nachteil einer möglichst vielfältigen Einbindung des Sponsors könnte in der Tatsache gesehen werden, daß das Management einer solch komplexen Leistung schwieriger ist als die reine „Geldeinnahme".

4.5.2.2   Angemessenheit

Da Sponsoring ein Geschäft auf Gegenseitigkeit ist, muß sich der Wert von Leistung und Gegenleistung im Idealfall ausgleichen. Für eine erfolgreiche Zusammenarbeit darf keiner der beiden Partner übervorteilt werden.[113] Anders als im Sport hat sich für das Hochschul-Sponsoring noch kein Markt entwickelt, dem feste Preise für bestimmte Leistungen zu entnehmen wären. Das freie Aushandeln von Leistung und Gegenleistung wird dadurch erschwert, daß der monetäre Wert von kommunikativen Leistungen insgesamt schwer errechenbar ist, sofern nicht feste Marktpreise – wie etwa bei der Mediennutzung – zugrunde gelegt werden können. Im Hochschul-Sponsoring ist die Kosten-Nutzen-Relation deshalb kaum erfaßbar. 83,1% der Unternehmen sehen dies als ein Haupthemmnis für den Einsatz von Wissenschafts-Sponsoring an. Diese Einschätzung verändert sich kaum, wenn die Unternehmen schon Erfahrung im Wissenschafts-Sponsoring haben.[114]

Bei der Festlegung der erwarteten Gegenleistung muß der Gesponserte letztlich abschätzen, was seine Leistung für den Sponsor wert ist. Dabei spielen die Kosten des gesponserten Vorhabens eigentlich keine Rolle, da die Durchführung des Vorhabens selbst für den Sponsor ohne Eigenwert ist und nur als Vehikel für die Erreichung seiner kommunikativen Ziele dient. Hier liegt ein wesentlicher Unterschied zu allen anderen Formen der Projektfinanzierung.

---

[112] Vgl. unter 4.4.2, S. 44f.
[113] Bruhn (1987a), S. 48.
[114] Hermanns/Suckrow (1995), S. 49f.

> Während sonst die Projektkosten die Kalkulationsgrundlage bilden, muß die Hochschule beim Sponsoring neben den Kosten für die Erbringung der kommunikativen Unterstützungsleistung die Qualität der von ihr gelieferten Imagewerte und Zielgruppen zu kalkulieren versuchen und danach ihre Forderung an den Sponsor bemessen.

Allerdings orientiert sich in der Praxis die Kalkulation der erwarteten Gegenleistung des Sponsors bisher fast ausschließlich an den tatsächlichen Kosten des Sponsoring-Objekts (Ausnahme: ⇨ FH Hamburg, 6.13). Auch dies zeigt, daß sich das Hochschul-Sponsoring in einer Übergangsphase vom Spendenwesen zum professionellen Sponsoring befindet.

Falls die sponsoringgerechte Kalkulation keine Kostendeckung für das Sponsoring-Objekt und die kommunikativen Unterstützungsleistungen erbringt, muß die Hochschule die fehlenden Beträge aus anderen Quellen, eventuell auch von weiteren Sponsoren beschaffen oder den Sponsor bitten, durch eine zusätzliche Spende (oder eine überhöhte Gegenleistung) die restlichen Kosten zu decken (Förderaspekt des Sponsoring). Eine andere Möglichkeit wäre es, dem Sponsor zusätzliche Leistungen anzubieten, die keinen Bezug zum Sponsoring-Objekt haben. So könnte der Sponsor sein Logo z.B. auch in Räumen oder auf Ausrüstungsgegenständen anbringen, die mit dem gesponserten Vorhaben in keinem Zusammenhang stehen. Umgekehrt kann es bei besonders attraktiven Sponsoring-Objekten vorkommen, daß der kommunikative Wert der Leistungen der Hochschule die Kosten des gesponserten Vorhabens übersteigt. Dann hat die Hochschule natürlich das Recht, diese höhere Summe zu verlangen.

Schließlich muß die Hochschule bei ihrer Forderung noch berücksichtigen, daß die Sponsoring-Summe für den Sponsor nur einen Teil seiner Kosten ausmacht. Seine Nebenkosten übersteigen die Leistungen an den Gesponserten unter Umständen um ein Mehrfaches.[115]

4.5.3 Budgetierung

Als letzten Schritt der strategischen Planung eines Sponsorship muß die Hochschule nach den genannten Grundsätzen ein Grobbudget aufstellen. Dabei werden sowohl die Kosten der zu sponsernden Vorhaben als auch die Kosten der Durchführung des Sponsoring selbst berücksichtigt. Für das Sponsoring-Objekt ist zu klären, welcher Anteil der Kosten aus welchen Quellen gedeckt werden soll, insbesondere wie hoch die Sponsoring-Summe sein soll, die zusätzlich die Kosten für das Management des Sponsoring und die kommunikativen Unterstützungsleistungen decken muß. Möglicherweise bietet sich eine sequentielle Planung des Vorhabens an, bei der auf die jeweils eingeworbenen bzw. auch die nicht realisierbaren Sponsoren-Mittel flexibel reagiert werden kann, z.B. in der Dimensionierung eines Projekts (Veranstaltung o.ä.) (⇨ TU Braunschweig, 6.8).

---

[115] Vgl. unter 3.4, S. 34.

5 Realisierung des Sponsorship

Zur Umsetzung der beschriebenen strategischen Überlegungen, die in Vorbereitung des Sponsorship erfolgt sind, bedarf es vor allem eines Sponsors. Mit dessen Auswahl und hoffentlich erfolgreicher Ansprache befaßt sich der nächste Abschnitt. Anschließend werden wir uns mit der Gestaltung des Vertrages befassen, der das Sponsorship für beide Beteiligte absichert. Dabei sind einige Rechts- und Steuerfragen zu beachten. Schließlich erreichen wir das Ziel aller Bemühungen, die Durchführung der Sponsoring-Maßnahme. Nach deren Abschluß muß dann noch kontrolliert werden, ob die Ziele erreicht worden sind und wo es Verbesserungspotential gibt.

5.1 Partnersuche

Der Gegensatz zwischen unternehmerischem und wissenschaftlichem Denken und die daraus entstehenden Interessenskonflikte und Verständnisschwierigkeiten gehören nach Ansicht der Hochschulen und der Unternehmen zu den Haupthemmnissen für eine weitere Verbreitung des Wissenschafts-Sponsoring. Während die Unternehmen eine Ausrichtung der Angebote an ihren betriebswirtschaftlichen Notwendigkeiten vermissen, beklagen die Hochschulen gerade diese einseitig betriebswirtschaftliche Sicht auf das Sponsoring-Objekt[116] und das mangelnde Verständnis für ihre Ziele und Arbeitsweisen. Hier müssen sich beide Seiten aufeinander zubewegen, insbesondere indem sie mehr über die Arbeits- und Denkweise ihrer Partner lernen. Die Überbrückung der Interessenkonflikte und Verständnisschwierigkeiten ist für die Realisierung eines Sponsorship von essentieller Bedeutung.

> Die Durchführung der Sponsoring-Maßnahme erfordert eine enge Zusammenarbeit von Hochschule und Unternehmen. Sponsor und Gesponserter wollen zudem einen gegenseitigen Image-Transfer ermöglichen. Für einen langfristigen Erfolg ist deshalb eine enge und echte Partnerschaft unerläßlich.[117]

5.1.1 Auswahl

Vor der konkreten Ansprache möglicher Sponsoren stehen einige Überlegungen zur Auswahl der Unternehmen, die sich als Partner eignen könnten. Die wahllose Ansprache beliebig vieler Unternehmen kann höchstens einen Zufallstreffer erbringen.[118] Selbst die auffällige und teure Sponsoren-Suche durch eine Anzeige, die Abbildung 9 zeigt, ist ergebnislos geblieben. Besser ist es, vorab zu überlegen,

---

[116] Hermanns/Suckrow (1995), S. 51.
[117] Bruhn (1991), S. 416; Gesterkamp u. a. (1994), S. 29f.
[118] Gesterkamp (1994) u. a., S. 29.

welche Unternehmen aus Sicht der Hochschule zu ihr passen. Zwischen Unternehmen und Sponsoring-Objekt muß es einen Bezug geben, eine Stimmigkeit, die Voraussetzung für einen gemeinsamen Auftritt ist.[119] Außerdem ist zu klären, welche Unternehmen sich wohl für eine Partnerschaft mit der Hochschule interessieren könnten. Schließlich ist noch zu entscheiden, wieviele Sponsoren in das Projekt eingebunden werden sollen.

TECHNISCHE HOCHSCHULE ZITTAU
Fakultät für Wirtschaftswissenschaften und Energiewirtschaft

Östlichste Hochschule Deutschlands und der Europäischen Gemeinschaft, im Dreiländereck Polen, Tschechoslowakei, Deutschland gelegen, dem Europagedanken verpflichtet, stellt sich den länderübergreifenden Aufgaben einer modernen wirtschaftswissenschaftlichen Ausbildung in der Region (Oberlausitz, Niederschlesien, Nordböhmen).
Bereits im laufenden Semester haben namhafte Ökonomen und Persönlichkeiten der Wirtschaft den mühsamen Weg zu dem noch immer „eingeschlossenen" Zittau auf eigene Kosten nicht gescheut. Sie sind in die Fußstapfen unseres Herrn Bundespräsidenten getreten, um die neuen Hoffnungen der jungen Menschen, die im Schatten der Grenzen leben, zu bestätigen und zu stärken.

Zur dringenden zusätzlichen Unterstützung bei dem Aufbau der Studiengänge für Betriebswirte (Dipl.-Kfm.) und Wirtschaftsingenieure (Dipl.-Ing.) an der in Gründung befindlichen wirtschaftswissenschaftlichen Fakultät werden

SPONSOREN

gesucht für: Absatz und Marketing · Finanzen und Banken · Rechnungswesen/ Controlling · Betriebswirtschaftliche Steuerlehre · Finanzwirtschaft · Internationale Wirtschaftsbeziehungen · Privatrecht, Wirtschafts- und Gesellschaftsrecht · Wirtschaft, Politik und Ethik

um vor allem übergangsweise die Vollständigkeit und Qualität der wirtschaftswissenschaftlichen Ausbildung ohne Studienzeitverlängerung zu bewältigen.
Sponsorship 5.000.– DM je Einheit (26 Vorlesungsstunden incl. Reisekosten) und Fach. Veranstaltung und Gastprofessor tragen den Namen des Sponsors.
Zahlungen per Scheck erbeten an den Stifterverband für die deutsche Wissenschaft e.V., Brucker Holt 56–60, Postfach 23 03 60, W-4300 Essen 1, zugunsten Sonderkonto „TH Zittau, Fak. Wirtschaftswissenschaften".

Der Gründungsdekan Prof. Dr. Ulrich van Lith

Technische Hochschule Zittau, Fakultät Wirtschaftswissenschaften,
Theodor-Körner-Allee 16, O-8800 Zittau, Telefon (0 03 75 22) 6 14 34.

Abb. 9: Sponsoring-Anzeige der TH Zittau

---

[119] Wirz (1988), S. 393; Bruhn/Mussler (1991), S. 38.

5.1.1.1 Bezüge zwischen Hochschule und Unternehmen

Für die „Passung" zwischen Sponsor und Hochschule gibt es eine Reihe von Merkmalen, die einen Bezug zwischen den Partnern deutlich werden lassen.[120]

- **Verantwortungsbezug:**
  Das Unternehmen zeigt seinen Willen, aus einer ethischen Verpflichtung heraus und ohne direkten Bezug zum Unternehmen oder seinen Produkten die Wissenschaft und Bildung zu fördern. Hintergrund ist hier oft die Erkenntnis, daß Wissenschaft und Bildung tragende Pfeiler unseres gesamten Gesellschaftssystems, insbesondere auch unseres wirtschaftlichen Wohlergehens sind. Da die Demonstration gesellschaftlicher Verantwortung zur Schaffung von Goodwill eines der wichtigsten Unternehmensziele beim Wissenschafts-Sponsoring ist,[121] ist der Verantwortungsbezug im Hochschul-Sponsoring von besonderer Bedeutung.

- **Regionalbezug:**
  Das Unternehmen zeigt Interesse an der Förderung einer bestimmten Region. Dies wird meist in der engeren Heimat des Unternehmens oder seiner Niederlassung der Fall sein. Es ist aber auch möglich, daß die Zielgruppe eines Sponsors in einer anderen Region beheimatet ist oder daß das Image einer Marke mit einer bestimmten Region verknüpft ist (wie z.B. bei Milka und den Alpen). Der Regionalbezug ist für viele Unternehmen besonders wichtig. Neben der emotionalen Bindung beruht dies darauf, daß Unternehmen oft viele ihrer Zielgruppen in der näheren Umgebung und die Mitarbeiter einen höheren Bezug zu regionalen Aktivitäten haben. Zudem läßt sich die notwendige Zusammenarbeit im Sponsoring in räumlicher Nähe am einfachsten bewältigen. Je mehr die engere Heimatregion betroffen ist, um so eher lassen sich auch kleinere Unternehmen zu einem Engagement bewegen.[122] Der Regionalbezug kann sich sowohl aus dem Sitz der Hochschule als auch aus dem Thema des Sponsoring-Objekts ergeben.

- **Produktbezug:**
  Der Bezug zwischen einem Produkt und einem Sponsoring-Objekt kann vielfältig sein. Er kann über die Rohstoffe entstehen, aus denen das Produkt besteht, über den Verarbeitungsvorgang, über die Einsatzmöglichkeiten oder das Image des Produkts. Das gleiche gilt für Dienstleistungen. Ein besonders wertvoller Bezug ergibt sich, wenn das Sponsorship den Nutzen des Produkts sinnfällig macht (Schlaflabor zu Matratze, Sprachwettbewerb zu Wörterbuch, Chemielabor zu Entsorgung).

---

[120] Bruhn (1991), S. 341 ff., der von „Verbindungslinien" spricht.
[121] Vgl. unter 3.2, Abb. 2, S. 29.
[122] Gesterkamp (1994) u.a., S. 29; Schiewe (1994), S. 80.

- **Imagebezug:**
  Das mit der Hochschule, Wissenschaftsdisziplin etc. verknüpfte Image entspricht dem Image, das ein Unternehmen, Produkt oder eine Marke hat oder anstrebt. Dieser Bezug ist wichtig, weil Sponsoring für beide Partner immer Komponenten von Image-Transfer enthält. Deshalb gehört Image-Gewinn, auch wenn er nur bei 10 % der Unternehmen das wichtigste Ziel im Wissenschafts-Sponsoring ist, zu den drei Hauptzielen der Sponsoren im Wissenschafts- und Bildungsbereich.

- **Zielgruppenbezug:**
  Das Unternehmen ist besonders an den Zielgruppen interessiert, die sich über das Hochschul-Sponsoring erreichen lassen. Hier ist die Übereinstimmung der Unternehmenszielgruppen[123] mit den Zielgruppen zu überprüfen, die die Hochschule selbst bieten kann.[124] Ferner ist zu berücksichtigen, welche Zielgruppen über ihr Interesse am Sponsoring-Objekt angesprochen werden können.

- **Kompetenzbezug:**
  Im Unternehmen vorhandene Kompetenzen können zur Lösung von Problemen der Hochschule beitragen. Dabei können diese Kompetenzen in Form von Know-how der Mitarbeiter vorliegen. Sie können ihren Niederschlag aber auch in Produkten oder Dienstleistungen gefunden haben, wodurch sich ein entsprechend verstärkter Produktbezug ergibt.

Die genannten Bezüge können nicht nur der Auswahl einzelner Unternehmen, sondern zunächst auch der Bestimmung ganzer Branchen dienen, die eine besondere Affinität zum Sponsoring-Objekt haben. Branchen, die sich schon jetzt im Wissenschafts-Sponsoring besonders engagieren, sind die Chemische Industrie, Energie-/Wasserversorgung, Versicherungen, Kreditinstitute, Maschinenbau/Metallverarbeitende Industrie und die Elektro-/Elektrotechnische Industrie.[125]

5.1.1.2 Weitere Auswahlkriterien

Neben diesen Bezügen gibt es weitere Kriterien für die Auswahl potentieller Sponsoren, wie z. B.

- **bestehende Kontakte:**
  Die wichtigste Vorfrage bei der Auswahl eine Sponsors lautet: Zu welchem Unternehmen oder Unternehmensvertreter haben wir schon gute Kontakte? Bestehende Kontakte erleichtern den Einstieg erheblich (⇨ TU Dresden, 6.2 u. 6.14). Gibt es keinen Kontakt zu Unternehmen selbst, sollte nach Kontakten zu

---

[123] Vgl. unter 3.2, S. 29.
[124] Vgl. unter 4.5.1.4, S. 49.
[125] Hermanns/Suckrow (1995), S. 89, dort auch Angaben zu den Branchen, die sich zukünftig engagieren wollen, und zu den jeweiligen Zielerreichungsgraden auf S. 46f., 93.

Personen wie Großkunden, Lokalpolitikern oder „rotarischen Freunden" des Vorstandes geforscht werden, die für das Unternehmen wichtig sind. Diese Mühe lohnt auf alle Fälle! Allerdings sollte die Hochschule nicht den Fehler machen, sich nur auf diese Kontakte zu verlassen und alle übrige Vorarbeit zu vernachlässigen. Erst die Kombination aus einem gut vorbereiteten Sponsorship, einem sinnvoll ausgewählten Partner und einem guten Kontakt ist erfolgversprechend.

> Die Erfahrung zeigt, daß in kaum einem erfolgreichen Fall ein Sponsorship der erste Kontakt zwischen Hochschule und Sponsor war. Eine so komplexe Aufgabe geht man lieber mit einem Partner an, den man schon kennt.

- **die wirtschaftliche Lage:**
  Die wirtschaftliche Situation einer ganzen Branche oder eines einzelnen Unternehmens kann ein Indikator für die Bereitschaft sein, eine Hochschule zu unterstützen. Allerdings sollte diesem Indikator nicht zu viel Bedeutung zugemessen werden, denn einerseits prüfen auch florierende Unternehmen ihre Ausgaben sorgfältig und andererseits kann ein Unternehmen mit einer Sponsoring-Maßnahme gerade in einer schwierigen wirtschaftlichen Lage versuchen, ein Zeichen zu setzen.

- **Umsatz, Mitarbeiterzahl:**
  Diese Indikatoren für die Größe eines Unternehmens können Aufschluß über die Höhe eines möglichen Engagements, bedingt auch über die zu erwartende Professionalität geben. Es wäre aber falsch, kleinere Unternehmen zu vernachlässigen. Die meist regional wie quantitativ begrenzten Zielgruppen, die das Hochschul-Sponsoring erreichen kann, sind oft gerade für kleine und mittlere Unternehmen am Ort viel interessanter als für große Konzerne.

- **bestehende Aktivitäten:**
  Unternehmen, deren Corporate Citizenship den Bereich Wissenschaft und Bildung umfaßt, müssen anders angesprochen werden als ihre auf diesem Gebiet inaktiven Konkurrenten. Dabei ist die Chance für Hochschulen bei den erstgenannten Unternehmen tendenziell größer, weil sie offensichtlich aufgeschlossen für die Hochschulförderung sind. Allerdings kann es sein, daß der Bedarf eines aktiven Unternehmens an Kontakten und Projekten bereits gedeckt ist, während ein bisher passives Unternehmen nur auf ein gutes Angebot wartet.

- **Akzeptanz:**
  Die bei der Sponsoren-Auswahl angestrebte „Passung" zwischen Hochschule und Sponsor setzt unabdingbar voraus, daß die Mitglieder der Hochschule den Sponsor akzeptieren. Es darf dem Identitätsgefühl der Hochschulangehörigen nicht widersprechen, mit dem Sponsor gemeinsam in der Öffentlichkeit genannt zu werden.[126] Deshalb sollte schon die Sponsoring-Strategie der Hoch-

---

[126] Schürmann (1988), S. 298.

schule Aussagen einerseits zu inakzeptablen und andererseits zu erwünschten Sponsoren enthalten.[127] Diese Aussagen müssen beachtet und für das aktuelle Sponsorship konkretisiert werden. Sichtbarer Widerstand aus der Hochschule gegen den Sponsor gefährdet das gesamte Sponsorship und verschreckt zukünftige Sponsoren nachhaltig.[128] Aber nicht nur eine mögliche Reaktanz in der Hochschule ist wichtig. Auch die weiteren Zielgruppen der Partner müssen die Partnerschaft akzeptieren. Für das Wissenschafts- und Bildungs-Sponsoring liegen keine Untersuchungen über generelle Einstellungen zu Partnerschaften zwischen Hochschule und Wirtschaft vor,[129] so daß die Partner hier auf Plausibilitätsüberlegungen angewiesen sind. Ein professioneller Sponsor wird diesen Problembereich schon von sich aus sehr genau untersuchen. Allerdings sollte die Hochschule ihn mit entsprechenden Überlegungen unterstützen.

Die Beschaffung der zur Auswahl eines Sponsors notwendigen Kenntnisse ist aufwendig und zeitraubend.[130] Sie sollte deshalb – ggf. zentral koordiniert – auf mehrere Schultern verteilt werden. Zunächst sind die in der Hochschule vorhandenen Informationen zu sammeln, dann müssen die Medien und Nachschlagewerke über Unternehmen ausgewertet werden. Schließlich geben auch die Veröffentlichungen des Unternehmens selbst (Geschäftsberichte, Firmenzeitung, Image-Broschüren u. ä.) oder ein Telefonat mit der Presseabteilung wichtige Aufschlüsse. Die Informationen sollten nach den verschiedenen Kriterien geordnet und dann getrennt danach bewertet werden, wie sehr sie für oder gegen eine Parnerschaft mit dem Unternehmen sprechen. Die Ergebnisse lassen sich in einer Art Checkliste (vgl. Abb. 10) für die verschiedenen Unternehmen zusammenfassen.[131] Dabei kann den unterschiedlichen Kriterien noch eine je nach Vorhaben wechselnde Wertigkeit gegeben werden. Als Ergebnis erhält die Hochschule eine Punktebewertung für die potentiellen Sponsoren, nach der die Reihenfolge für die Ansprache der Unternehmen festgelegt werden kann.

---

[127] Vgl. unter 4.2, S. 40ff.
[128] Gesterkamp u. a. (1994), S. 34.
[129] Anders z. B. im Umweltsponsoring, vgl. Bruhn (1991), S. 344 ff.
[130] Vgl. dazu Gesterkamp u. a. (1994), S. 36 f.
[131] Vgl. Bruhn/Mussler (1991), S. 39 f.

Beurteilungskriterien	Potentielle Sponsoren		
	Sponsor 1	Sponsor 2	Sponsor 3
Bedeutung des Unternehmens bezüglich gesellschaftlicher Verantwortung			
Bedeutung des Unternehmens in der Region			
Akzeptanz der Produkte, Dienstleistungen des Unternehmens			
Image des Unternehmens			
Übereinstimmung der hochschuleigenen und der Unternehmenszielgruppen			
Kompetenzen des Unternehmens			
Bestehende Kontakte zur Hochschule			
Wirtschaftliche Daten (allgemeine Lage, Größe, Umsatz etc.) des Unternehmens			
Akzeptanz durch die Hochschulangehörigen			
Bestehende Aktivitäten des Unternehmens			

Für die Punktvergabe existieren verschiedene Möglichkeiten, z.B.:

10=sehr gut bis 0=sehr schlecht

oder in Anlehnung an Schulnoten

1=sehr gut bis 6=sehr schlecht

Quelle: in Anlehnung an Bruhn/Mussler (1991) S. 40

Abb. 10: Beispiel für ein Punktbewertungsverfahren zur Auswahl von Sponsoren

5.1.1.3 Anzahl der Partner

Unter dem Aspekt der Anzahl der Sponsoren gibt es drei Typen von Sponsorships.[132]

- **Exklusiv-Sponsorship:**[133]
  Dabei trägt ein Unternehmen allein das gesamte Sponsorship. Dies ist der für das Unternehmen beste[134], allerdings auch teuerste Typ. Der Sponsor braucht

---

[132] Bruhn/Mussler (1991), S. 47 f.
[133] Bruhn (1991), S. 295.
[134] Wirz (1988), S. 394.

sich den Erfolg des Sponsorship nicht zu teilen, es kann nicht zu Image- und Identifikationskonflikten mit anderen Sponsoren kommen und auch die Gefahr organisatorischer Pannen ist hier am geringsten. Auch für die Hochschule ist ein Exklusiv-Sponsor einfacher zu handhaben als eine Gruppe von Sponsoren. Da ein Hochschul-Sponsorship in der Regel nicht so teuer ist wie z. B. ein Sponsorship im Sport, sind günstige Voraussetzungen dafür gegeben, einen Exklusiv-Sponsor für ein Projekt zu finden. Einziges Problem für die Hochschule ist die Abhängigkeit von einem einzelnen Unternehmen. Diese Abhängigkeit läßt sich aber durch die Eingrenzung des Sponsoring-Objekts relativieren. Die Hochschule muß deshalb darauf achten, nicht zu viele über ein Einzelprojekt hinausgehende Rechte auf einen einzelnen Sponsor zu übertragen. So bleibt genug Platz für Sponsoren, die andere Projekte fördern wollen.

- **Haupt-Sponsorship:**
  Eine Mischform von Exklusiv- und Co-Sponsorship (s. u.) ist das Haupt-Sponsorship, bei dem ein Unternehmen die für die Kommunikation wichtigsten und damit teuersten Teile des Sponsorship übernimmt, während die anderen Sponsoren vergleichsweise bescheidene Leistungen erbringen und erhalten (⇨ TU Braunschweig, 6.8). Dieser Typ der Zusammenarbeit ist dann anwendbar, wenn Neben-Sponsoren nur an einer einzelnen Leistung interessiert sind, die die kommunikativen Interessen des Haupt-Sponsors nicht stört. Bei mehreren Sponsoren sollte deshalb in der Regel immer zuerst der Haupt-Sponsor angesprochen werden und erst nach einer Einigung mit diesem – und in Absprache mit ihm – nachgeordnete Sponsoren.

- **Co-Sponsorship, kooperatives Sponsoring:**[135]
  Bei diesem Sponsoring-Typ sind mehrere Sponsoren gleichberechtigt am Sponsorship beteiligt. Die Hochschule kann eine insgesamt größere Gegenleistung von den Unternehmen erlangen, muß allerdings auch ihre kommunikativen Unterstützungsleistungen mehrfach erbringen und koordinieren. Ferner muß sie eventuelle Konflikte lösen, die sich aus der vermeintlichen Bevor- bzw. Benachteiligung einzelner Sponsoren gegenüber den anderen ergeben. Insgesamt wird die Konstruktion schwieriger und unflexibler. Dadurch wird auch die Reaktion auf Probleme oder Chancen schwieriger, die der Fortgang des Projekts überraschend bietet. Die Komplexität läßt sich beliebig steigern, wenn in einer Mischfinanzierung neben den Sponsoren noch mäzenatische Spender, Stiftungen, Förderorganisationen (DFG) und die öffentliche Hand als Financiers auftreten. Praktisch noch wenig erprobt ist die bei Sportvereinen häufige Bildung eines Sponsoren-Pools, bei dem mehrere Unternehmen in einer Art Rahmenvertrag generell als Sponsoren einer Hochschule (bzw. eines Fachbereichs, Instituts oder Lehrstuhls) auftreten. Diese Sponsoren übernehmen dann jeweils festzulegende Anteile an einzelnen Sponsoring-Objekten.

---

[135] Bruhn (1991), S. 296.

5.1.2 Ansprache

Der erste Eindruck ist außerordentlich wichtig und wie wir wissen, wird er sekundenschnell gefaßt. Es gibt ganz unterschiedliche Meinungen dazu, wie jemand, der Sponsoren sucht, diese entscheidenden Sekunden möglichst erfolgreich bewältigt, ob per Telefon, ob per Brief oder lieber gleich persönlich.[136] Klar ist jedenfalls, daß der Eindruck von Kompetenz, Professionalität, Verläßlichkeit, Selbstsicherheit und sicher auch Sympathie entstehen sollte. Dies kann im Einzelfall ganz verschieden erreicht werden, abhängig von der Persönlichkeit des Ansprechenden und des Angesprochenen, der Komplexität des Vorhabens und vielen anderen Faktoren. Die Praxis zeigt, daß für diesen Einstieg die schon bestehenden Kontakte zwischen Hochschule und Unternehmen besonders wichtig sind.

Dabei ist die Kontaktperson nicht unbedingt der richtige Ansprechpartner für das Sponsoring. Sie wird aber den richtigen Ansprechpartner im Unternehmen kennen und kann dort schon einmal „Goodwill" für die Hochschule erzeugen und das Ansinnen der Hochschule ankündigen. Damit ist sichergestellt, daß die Anfrage der Hochschule eines zweiten Blickes gewürdigt wird und nicht unbesehen im Papierkorb verschwindet oder mit der Standardabsage bedacht wird. Ist diese Hürde genommen, kommt es darauf an, daß die Anfrage, das sogenannte Akquisitionskonzept[137] der Hochschule, einen positiven und professionellen Eindruck macht.

5.1.2.1 Akquisitionskonzept

> Eine auch für den wissenschaftlichen Laien verständliche, klare und ansprechende schriftliche Unterlage über das geplante Sponsorship ist für die Akquisition von Sponsoren unerläßlich.

Das Akquisitionskonzept sollte nicht zu umfangreich und von einem Brief begleitet sein, der auf höchstens zwei Textseiten die besonderen Highlights einer möglichen Zusammenarbeit darstellt. Das Anschreiben sollte auch erklären, warum die Zusammenarbeit gerade mit dem ausgewählten Unternehmen gesucht wird. Es sollte mit einem konkreten Vorschlag für das weitere Vorgehen enden (Ansprechpartner nennen, Telefonate ankündigen o. ä.).

Das Akquisitionskonzept unterscheidet sich grundsätzlich von Spendengesuchen oder Anträgen an die DFG oder wissenschaftsfördernde Stiftungen. Während diese Anträge fast ausschließlich der wissenschaftlichen Qualität und den Erfolgsaussichten des geplanten Vorhabens gewidmet sind, bildet das Sponsoring-Objekt nur einen Teil dessen, was potentielle Sponsoren interessiert. Zwar muß seine Qualität, seine Besonderheiten und der angestrebte Erfolg dem Sponsor klar sein,

---

[136] Schiewe (1994), S. 84; Gesterkamp u. a. (1994), S. 37f.; Bruhn/Mussler (1991), S. 50.
[137] Bruhn/Mussler (1991), S. 50.

weil diese Faktoren in der Regel die Sponsoring-Botschaft tragen. Daneben muß der Sponsor aber unbedingt Aussagen über eine Reihe weiterer Faktoren finden.[138]

- **Gesponserte Organisationen:**
  Der Sponsor sucht einen möglichst profilierten Partner,[139] weil er von diesem Profil profitieren will. Die Hochschule, der Fachbereich, das Institut, d. h. die Einrichtung, die gesponsert werden will, muß sich dem potentiellen Sponsor als möglichst profiliert vorstellen. Dazu sind bereits entwickelte Image-Broschüren o. ä. sehr hilfreich, vor allem, wenn sie mit den anderen Unterlagen zusammen ein Corporate Design erkennen lassen. Neben dem Profil wird so nämlich auch Professionalität gezeigt.

- **Einbindung des Sponsorship in eine Sponsoring- und Marketing-Strategie des Gesponserten:**
  Die Existenz solcher Strategien gibt dem Sponsor Sicherheit. Er erhält den Eindruck eines professionellen Vorgehens auf seiten der Hochschule, was seine Furcht vor Akzeptanzproblemen an der Hochschule, bürokratischem „Muff" und chaotischer Organisation mindert.

- **Erfahrungen:**
  Das Sicherheitsgefühl des Sponsors erhöht sich weiter, wenn schon auf (gelungene) Sponsorships oder zumindest vergleichbare kommunikationsorientierte Aktivitäten verwiesen werden kann. Ideal ist es, wenn sich diese durch Presseartikel zu solchen Projekten belegen lassen. Das erhöht die Hoffnung des Sponsors, Presseaufmerksamkeit auf sich zu ziehen.

- **Akzeptanz:**[140]
  Um die Angst des Sponsors vor Reaktanzen weiter zu mildern, sollte die Hochschule beschreiben, warum sie einen gemeinsamen öffentlichen Auftritt mit dem potentiellen Sponsor für positiv erachtet und inwieweit sie diese Einschätzung auch bei den Hochschulmitgliedern abgesichert hat.

- **Ziele des Unternehmens:**[141]
  Wenn die Hochschule die genauen Ziele des potentiellen Sponsors nicht kennt, muß sie die allgemeinen Kommunikationsziele ansprechen, die mit dem konkreten Sponsorship erreicht werden könnten. Je sorgfältiger die vorausgegangene Recherche war, desto besser lassen sich Angebote machen, die auf das jeweilige Unternehmen zugeschnitten sind.

---

[138] Vgl. Bruhn/Mussler (1991), S. 50; Schiewe (1994), S. 75 f.
[139] Dreizehnter (1996), S. 34.
[140] Siehe unter 4.2, S. 40ff.
[141] Siehe unter 3.2, S. 27ff.

- **Zielgruppen:**[142]
  Die Hochschule muß die für sie erreichbaren Zielgruppen mit ihren Merkmalen darstellen und Bezüge zu vermuteten Zielgruppen des Sponsors herstellen.

- **Image:**[143]
  Die Hochschule muß darstellen, welcher Image-Transfer durch das Sponsoring möglich wäre. Dabei muß betont werden, falls besonders imageträchtige Personen (z.B. Ministerpräsident als Schirmherr) eingebunden werden können.

- **Angebot an kommunikativen Unterstützungsleistungen:**[144]
  Hier muß der Gesponserte darstellen, zu welchen kommunikativen Unterstützungsleistungen er fähig und bereit ist. Die Hochschule sollte ferner ihre Bereitschaft erkennen lassen, weitere Maßnahmen mit dem Sponsor zu verhandeln und bei der Abwicklung flexibel auf neue Möglichkeiten zu reagieren.

- **Weitere Nutzungsmöglichkeiten des Sponsorship für den Sponsor:**[145]
  Hier müssen Nutzungsmöglichkeiten aufgezeigt werden, die über das Angebot der Hochschule für kommunikative Unterstützung hinaus durch eigene Aktivitäten des Sponsors verwirklicht werden können.

- **Medien:**
  Aussagen über bestehende Medienkontakte und das erwartete Medieninteresse helfen dem Unternehmen, die erreichbare Medienresonanz abzuschätzen.

- **Sponsoring-Kontrolle:**[146]
  Die Hochschule sollte dem Unternehmen konkrete Hinweise zu Möglichkeiten einer Erfolgskontrolle geben und ihre Unterstützung anbieten. Sie sollte auch ein gemeinsames Audit anbieten.

- **Gesamtfinanzierung:**[147]
  Der potentielle Sponsor braucht einen Überblick über die Gesamtfinanzierung des Vorhabens, damit er die Bedeutung seines eigenen Beitrages einschätzen kann. Er muß sich auch sicher sein können, daß das Sponsoring-Objekt wirklich zur Durchführung kommt und nicht an finanziellen Problemen scheitern wird. Ferner muß die Hochschule ihm hier sagen, ob er als Exklusiv-, Haupt-, Neben- oder Co-Sponsor auftreten soll.

---

[142] Siehe unter 3.2, S. 29ff. u. 4.5.1.4, S. 49f.
[143] Siehe unter 4.5.1.3, S. 48f.
[144] Siehe unter 4.5.1.2, S. 47f.
[145] Siehe unter 3.5, S. 34ff.
[146] Siehe unter 3.6, S. 37f. u. 5.3.5, S. 78ff.
[147] Siehe unter 4.5.3, S. 52.

- **Erwartete Gegenleistung:**[148]
  Die erwartete Gegenleistung muß klar benannt sein. Hier kann die Hochschule auch erläutern, ob sie neben Beschaffungszielen weitere Ziele verfolgt und was sie dazu vom Sponsor erwartet.

- **Kontinuität der Zusammenarbeit:**
  Da Unternehmen an langfristigen Kooperationen interessiert sind, sollten – falls das Sponsoring-Objekt nicht ohnehin auf eine mehrjährige Dauer angelegt ist – hier konkrete Perspektiven einer längeren Zusammenarbeit aufgezeigt werden.

- **Kontakte zum Unternehmen:**[149]
  Der Sponsoring-Verantwortliche des Unternehmens würde vor einer positiven Entscheidung gerne sein „Feeling" für den Gesponserten verbessern. Dabei hilft die Hochschule ihm, indem sie ihm Referenzen, d.h. mögliche Ansprechpartner, nennt, die dem Unternehmen bekannt sind und die etwas über die Hochschule aussagen können.

5.1.2.2 Ansprechpartner

Die ganze Mühe mit dem Akquisitionskonzept kann vergebens gewesen sein, wenn es nicht beim richtigen Adressaten landet. Der Forschungsleiter oder Spendenverantwortliche des Unternehmens ist wahrscheinlich der falsche, auch wenn die Hochschule diese Personen schon kennt. Allerdings können sie vielleicht den richtigen Ansprechpartner nennen. Einfach und überraschend ergiebig ist ein Anruf beim potentiellen Sponsor. Die Presseabteilung oder das Vorstandsbüro weiß meist den Zuständigen. Falls das Unternehmen groß genug und richtig organisiert ist, müßte er eigentlich in den Bereichen Marketing/Werbung/PR/ÖA sitzen. Aber die Untersuchung von Hermanns und Suckrow zeigt, daß die Wirklichkeit oft anders aussieht (vgl. Abb. 11).

---

[148] Siehe unter 4.5.2, S. 50ff.
[149] Siehe unter 5.1.1.2, S. 56ff.

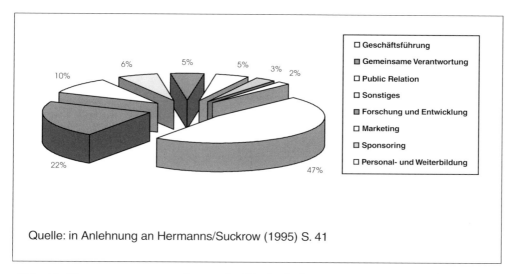

Legende:
- ☐ Geschäftsführung
- ◼ Gemeinsame Verantwortung
- ☐ Public Relation
- ☐ Sonstiges
- ◼ Forschung und Entwicklung
- ☐ Marketing
- ☐ Sponsoring
- ☐ Personal- und Weiterbildung

Quelle: in Anlehnung an Hermanns/Suckrow (1995) S. 41

Abb. 11: Verantwortungszuordnung des Hochschul-Sponsoring in Unternehmen

Auch Bruhn hat festgestellt, daß die Anregung zu Sozio-Sponsoring, wozu er auch das Hochschul-Sponsoring zählt, oft von der Unternehmensleitung ausgeht (vgl. Abb. 12).

Ideal ist es, wenn die Hochschule nähere Informationen über die Person des Zuständigen hat.[150] Dann läßt sich das Akquisitionskonzept auf seine Vorlieben und Interessen, aber auch auf seine Prioritäten im Beruf zuschneiden. Falls der richtige Ansprechpartner nicht zu ermitteln ist, empfiehlt es sich, ganz oben einzusteigen und den Leiter der Geschäftsführung, Vorsitzenden des Vorstandes oder aktiven Firmeninhaber anzuschreiben. Bei kleinen Unternehmen ist dies oft schon die richtige Ebene, bei größeren sollte man die Bitte um Weiterleitung an den Zuständigen als Schluß des Begleitbriefs wählen. Das Vorstandsbüro wird dann schon wissen, wohin es das Papier gibt.

---

[150] Vgl. dazu Hermanns/Suckrow (1995), S. 68 f.

Sponsoren-Bereiche	Phasen	Hierarchieebenen / Abteilungen			
		Vorstand / Geschäfts- leitung	Marketing	Werbung	PR / Öffentlich- keitsarbeit
Sport- Sponsoring	Anregung		xx	x	
	Planung		xx	x	
	Entscheidung	xx	x		
	Durchführung		xx	xx	
Kultur- Sponsoring	Anregung	x	x		xx
	Planung				x
	Entscheidung	xx			
	Durchführung		x		xx
Sozio- und Umwelt- Sponsoring	Anregung	xx	x		xx
	Planung				xx
	Entscheidung	xx			
	Durchführung		x		xx
Hochschul- Sponsoring	Anregung	xx	x		xx
	Planung		x		xx
	Entscheidung	xx			x
	Durchführung		x		xx

xx = sehr große / zentrale Bedeutung

x = ergänzende / teilweise Bedeutung

Quelle: in Anlehnung an Bruhn (1991) S. 61; ergänzt um Hochschul-Sponsoring

Abb. 12: Zuständigkeiten verschiedener Unternehmenshierarchien für Sponsoring

5.2 Rechtsfragen

Das Hochschulrecht spielt für das Sponsoring keine besondere Rolle. Juristischen Rat benötigen Hochschule und Sponsor aber bei der Gestaltung des Sponsoring-Vertrages und vor allem zur Beurteilung der steuerlichen Auswirkungen eines Sponsorship.

5.2.1 Sponsoring-Vertrag

Schon begrifflich erfordert das Hochschul-Sponsoring eine vertragliche Vereinbarung zwischen der Hochschule und dem sponsernden Unternehmen. Diese Vereinbarung muß nicht unbedingt schriftlich erfolgen. Es hat aber nichts mit gegenseitigem Mißtrauen zu tun, wenn die Parteien doch zur Schriftform greifen. Gute Gründe hierfür sind:[151]

- Bei der Komplexität der möglichen Leistungen und Gegenleistungen reicht das Gedächtnis der Parteien oft nicht für eine exakte Fixierung der vereinbarten Leistungen und Termine aus. Selbst bei gutem Willen kann es hier zu unterschiedlichen Erinnerungen kommen.

- Eine umfassende schriftliche Vertragsgestaltung zwingt die Parteien schon im Vorfeld, ihre Vorstellungen zu konkretisieren und eventuelle Differenzen beizulegen. So lernen beide Partner die Ziele des anderen besser kennen und vermeiden spätere Konflikte.

- Die Durchführung des Sponsoring wird vereinfacht, wenn die Parteien auf eine klare Regelung ihrer Rechte und Pflichten zurückgreifen können.

- Der notwendige Nachweis der betrieblichen Veranlassung der Leistung des Sponsors für die steuerliche Behandlung als Betriebsausgabe gegenüber dem Finanzamt wird vereinfacht.

- Verschiedene Leistungs- und Gegenleistungsarten im Sponsoring lassen sich zwar entsprechenden existierenden Vertragstypen wie Werbevertrag, Arbeitsvertrag, Werkvertrag, Geschäftsbesorgungsvertrag oder Lizenzvertrag zuordnen,[152] viele Besonderheiten des Sponsoring werden hier aber nicht erfaßt. Dadurch verbleibt ein gewisses Maß an Rechtsunsicherheit, das durch sorgfältige Vertragsgestaltung vermindert werden kann.

- Im Konfliktfall ist eine schnellere Regelung möglich.

Diese Gründe für eine schriftliche Vereinbarung sprechen zugleich auch dafür, den Vertragstext nicht nur auf die Hauptleistungen der Parteien zu beschränken. Eine detaillierte Regelung wird in der Praxis oft unterlassen, weil sich die Parteien über die Einzelheiten des Sponsorship zunächst noch keine Gedanken gemacht haben. Vielleicht fürchten sie auch, bei unterschiedlichen Auffassungen zu kritischen Themen, wie z. B. der Intensität des werblichen Auftritts des Sponsors in der Hochschule, das Sponsorship von vorneherein zu vereiteln. Sie hoffen, dies alles werde sich schon regeln, wenn das Sponsorship einmal laufe. Diese unprofessionelle Einstellung gilt dann genauso für die gemeinsame Erstellung von Ablaufplänen und

---

[151] Vgl. Weiand (1995), S. 1 f.
[152] Bruhn (1991), S. 366 f.

die Absprache einzelner Maßnahmen. Wer auf diese Weise notwendige Entscheidungen und Einigungen bis auf die letzte Minute verschiebt, programmiert unter Zeitdruck entstehende Pannen und Konflikte vor.

> Hochschul-Sponsoring erfordert eine vertragliche Vereinbarung zwischen der Hochschule und dem sponsernden Unternehmen. Ein einheitliches Muster für Sponsoring-Verträge existiert wegen der großen Vielgestaltigkeit möglicher Sponsorships nicht.

Insbesondere für das Hochschul-Sponsoring gibt es wegen seiner geringen Verbreitung kaum Vorlagen. Die sich aus der Definition des Sponsoring und der vergleichbaren Interessenlage der Partner von Sponsorships ergebende einheitliche Grundstruktur aller Sponsorships legt allerdings auch eine entsprechende Struktur des Sponsoringvertrages nahe. Hierfür macht Weiand folgenden Vorschlag:[153]

- **Präambel:**
  Sie soll zum besseren Verständnis des nachfolgenden Vertrages die Motivationen und Ziele der Vertragspartner darstellen

- **Leistung des Sponsors**

- **Leistung des Gesponserten:**
  Die beiden letztgenannten Regelungen sollten die Leistungen sachlich und terminlich soweit festlegen, wie dies zum Zeitpunkt des Vertragsschlusses möglich ist. Sie bilden praktisch eine grobe Fassung des Ablaufplans für die gemeinsamen Aktivitäten. Falls wegen der Komplexität des Sponsorship hier eine befriedigende Regelung noch nicht erreichbar ist, sollte – abweichend von dem Vorschlag von Weiand – noch ein Paragraph aufgenommen werden über die

- **Durchführung des Sponsorship:**
  Hier muß festgelegt werden, auf welche Weise die Leistungen der Parteien im Verlauf der Zusammenarbeit jeweils präzisiert und erbracht werden. Zu empfehlen wäre z. B. die Vereinbarung eines Projektteams, an dem Hochschule und Unternehmen beteiligt sind und das den Ablauf des Sponsorship plant und überwacht:[154] Außerdem sind zu berücksichtigen:

- **Stellung des Sponsors:**
  Exclusiv-, Haupt-, Neben- oder Co-Sponsor

- **Verhaltensregelungen:**
  Sie betreffen das generelle Verhalten der Vertragsparteien zueinander und sollen einen partnerschaftlichen Umgang zwischen Hochschule und Unternehmen

---

[153] Weiand (1995), S. 13.
[154] Siehe dazu noch unter 5.3.1, S. 73ff.

begünstigen. Einzelregelungen betreffen die für die Akzeptanz des Sponsorship nach außen wichtigen Punkte Wohlverhalten und Einflußnahme, die gegenseitige Unterrichtung, Vertraulichkeit und Rechnungslegung.

Der Vorbeugung gegen und Regelung von Konfliktfällen dienen die folgenden Paragraphen über

- **persönliche Leistungserbringung und Abtretung,**

- **Haftungsausschluß, Erfüllungsinteresse,**

- **Sicherheitsleistung, Vertragsstrafe, Abtretungsverbot.**

- **Inkrafttreten und Laufzeit des Vertrages, Optionsrechte:**
  Hier können sich Sponsor und Hochschule die Rechte an weiteren gemeinsamen Sponsoring-Projekten sichern, was der Hochschule im Hinblick auf eine langfristige Zusammenarbeit sicher nicht unrecht sein dürfte.

- **Kündigung:**
  Es muß geregelt werden, wer den Vertrag warum vorzeitig beenden darf und was dann mit den schon erbrachten Leistungen geschieht.

- **Schlußbestimmungen:**
  Für alle Verträge übliche Regelungen über Formerfordernisse, Zugang von Erklärungen, Teilunwirksamkeit, Erfüllungsort, Gerichtsstand u. ä.

Diese Grundstruktur muß an die Bedingungen des Einzelfalls angepaßt werden. Der einmalige Zuschuß zu einer Publikation gegen die Erwähnung mit Logo auf der Umschlaginnenseite bedarf sicher keiner so ausführlichen Regelung. Aber eine kurze gemeinsame Notiz oder ein Briefwechsel, der Leistung, Gegenleistung und das Vorgehen für den Fall festlegt, das die Publikation nicht erscheint, sollte schon sein. In Fragen, die für die Akzeptanz des Sponsoring sensibel sind, wie etwa dem Einfluß des Sponsors auf die Berufung eines Stiftungsprofessors, sollten klare Regelungen zeigen, daß die Hochschulautonomie und die Freiheit von Forschung und Lehre unangetastet bleiben.

5.2.2 Hochschulrecht

In der praktischen Diskussion um den Einsatz von Hochschul-Sponsoring wird häufig auf Probleme mit dem Hochschulrecht verwiesen, ohne daß diese vermeintlichen Hindernisse substantiiert werden. In der Literatur wird deshalb eine genauere Untersuchung der rechtlichen Rahmenbedingungen gefordert.[155] Wir haben eine solche genaue Analyse nicht durchgeführt, sind aber bei unseren

---

[155] Hermanns/Suckrow (1995), S. 24.

Recherchen auf keinen Fall gestoßen, bei dem ein Hochschul-Sponsorship durch hochschulrechtliche Regelungen verhindert oder auch nur erschwert worden wäre. Hieraus und aus der Befragung verschiedener Experten[156] schließen wir, daß es gravierende hochschulrechtliche Probleme im Sponsoring nicht gibt.

5.2.3 Steuerfragen

Das sponsernde Unternehmen kann seine Leistung an die Hochschule von der Steuer absetzen. Da das Sponsorship eine werbende Kommunikationsmaßnahme des Unternehmens ist, sind seine Leistungen betrieblich veranlaßt und gelten als Betriebsausgabe. Dieser Sachverhalt ist theoretisch klar, praktisch gibt es aber schwierige Grenzfälle. Ist die Erwähnung eines Unternehmens im Programmheft noch die öffentlichkeitswirksame Darstellung einer Spende oder schon Sponsoring? Abgrenzungsprobleme gibt es auch bei Mischformen von Sponsorship und Spende. Wenn der Wert der Sponsorenleistung den Wert der Leistung der Hochschule übersteigt, stellt sich die Frage der Aufteilung der Leistung des Unternehmens in einen Spendenanteil und einen Anteil, der als Betriebsausgabe gilt. Zwar kann das Unternehmen beide Teile von der Steuer absetzen, es muß aber schon in seiner Steuererklärung eine Aufteilung treffen, mit der das Finanzamt übereinstimmt. Zur Verhinderung steuerlicher Probleme für das Unternehmen ist es deshalb wichtig, schon im Sponsoring-Vertrag die betriebliche Veranlassung der Sponsorenleistung deutlich zu machen. Dies kann dadurch geschehen, daß in der Präambel die Kommunikationsinteressen des Unternehmens klar als Motivation des Sponsorship benannt werden. Falls Leistung und Gegenleistung unangemessen erscheinen könnten, sollte deutlich gemacht werden, warum Sponsor und Hochschule von einer Angemessenheit ausgehen bzw. welche Anteile der Leistung des Unternehmens als Spende angesehen werden. Hierüber muß dann die Ausstellung einer Spendenbescheinigung erfolgen.

Die genannten Abgrenzungsprobleme treffen zwar letztlich nicht die Hochschule, sondern das Unternehmen. Trotzdem sollte sich die Hochschule der möglichen Probleme bewußt sein, um die Gedankengänge des Sponsors in steuerlichen Zusammenhängen verstehen und ihn soweit wie möglich unterstützen zu können.

Die Finanzverwaltung erarbeitet zum Zeitpunkt des Erscheinens dieses Buches, also Anfang 1997, einen Erlaß zur steuerlichen Behandlung der Einnahmen aus Sponsoring beim Gesponserten. Nach dieser noch für das Jahr 1997 geplanten Regelung sollen die Einnahmen beim Gesponserten weitgehend unbesteuert bleiben. Deshalb soll die bis zur Veröffentlichung des Erlasses herrschende steuerliche Situation der Hochschulen im Sponsoring nur kurz angerissen werden.

---

[156] Gespräche u. a. mit
- Prof. Dr. Manfred Erhardt, Generalsekretär des Stifterverbandes für die Deutsche Wissenschaft und vorm. Senator für Wissenschaft und Forschung des Landes Berlin;
- Rudolf Mehlinger, Ministerialrat, Ministerium für Kultur, Jugend, Familien und Frauen des Landes Rheinland-Pfalz, Mitautor des Buches „Rechtliche Gestaltung des Sponsoring";
- Alfred Post, Kanzler der TU Dresden.

Bei der Körperschaft- und Gewerbesteuer werden Hochschulen wie andere gemeinnützige Einrichtungen behandelt. Für diese Einrichtungen unterscheidet die Finanzverwaltung vier Arten von Einnahmen, die steuerlich unterschiedlich behandelt werden:[157]

- **Einnahmen aus dem ideellen Bereich:**
  Hierzu gehören bei den Hochschulen vor allem Spenden und öffentliche Zuschüsse. Diese Einnahmen werden nicht besteuert.

- **Einnahmen aus Vermögensverwaltung:**
  Hierzu rechnen z. B. Einnahmen aus Kapitalanlagen und aus langfristiger Vermietung und Verpachtung. Auch diese Einnahmen verbleiben ohne Steuerabzug bei der Hochschule.

- **Einnahmen aus Zweckbetrieben (§ 65 Abgabenordnung):**
  Dies sind Einkünfte aus einem wirtschaftlichen Geschäftsbetrieb, dessen Gesamtausrichtung dazu dient, die satzungsmäßigen Zwecke der Hochschule zu verwirklichen, wenn die Zwecke anders nicht erreicht werden können und der Betrieb nicht in vermeidbaren Wettbewerb mit kommerziellen Firmen tritt. Hierzu gehören z. B. Mieteinnahmen aus Studentenheimen oder Einnahmen aus Kunstausstellungen, die eine Kunsthochschule mit Werken ihrer Studenten veranstaltet. Diese Einnahmen bleiben entweder ganz oder in bestimmten Grenzen steuerfrei.

- **Einnahmen aus sonstigen wirtschaftlichen Geschäftsbetrieben:**
  Beispiele sind der Verkauf von Anzeigenraum in Hochschulpublikationen oder die kurzfristige Vermietung von Räumen oder Material. Die Einkünfte sind voll zu versteuern.

Für Einnahmen aus Sponsoring ist lediglich klar, daß sie nicht in den ideellen Bereich fallen. Im übrigen hängt die Besteuerung von der Gestaltung des Einzelfalls und den wechselnden Ansichten der Finanzämter ab. Die Bereitstellung einer Werbefläche auf einer gesponserten Veranstaltung wäre wohl als steuerpflichtiger wirtschaftlicher Geschäftsbetrieb anzusehen. Falls die Werbeflächen der Hochschule aber langfristig an eine Agentur verpachtet werden, die ihrerseits die Flächen im Rahmen von Sponsorships vergibt, wären die Pachteinnahmen bei der Hochschule als Vermögensverwaltung steuerfrei. Schon dieses kleine Beispiel zeigt, daß größere Sponsorships nicht ohne den Beistand eines Steuerfachmanns oder vorherige Rücksprache mit dem Finanzamt gestartet werden sollten.

Vergleichbar übersichtlich ist die Frage der Umsatzsteuerpflicht im Sponsoring geregelt. Für Hochschulen unterliegen bestimmte Umsätze nicht der Steuerpflicht. Auch hier hängt aber viel vom Einzelfall ab.

---

[157] Vgl. zum folgenden Bruhn/Mehlinger (1992), S. 93 ff.

5.3 Durchführung und Kontrolle

Indem sich Hochschule und Sponsor auf die zu erbringenden Leistungen geeinigt und sich vertraglich aneinander gebunden haben, ist aus dem Wissenschafts-/Bildungsprojekt der Hochschule und dem Werbe-/PR-Projekt des Unternehmens ein gemeinsames Projekt geworden. Die optimale Durchführung dieses Vorhabens ist folglich auch ein gemeinsam zu lösendes Problem. Dieser Ansatz ist wichtig für das Gelingen des Sponsorship. Die ständige Abstimmung und Kooperation mit dem Partner ist Voraussetzung dafür, daß Mißverständnisse, Enttäuschungen und sogar grobe Fehler vermieden werden. Idealerweise wird ein Projektteam aus Mitarbeitern beider Seiten gebildet, wobei die Anzahl der jeweiligen Vertreter von der Art der zu lösenden Aufgaben abhängt. Je größer und schwieriger der kommunikative Aufwand um das Sponsorship sein soll, um so stärker muß der Sponsor im Projektteam vertreten sein.

Die Bedeutung dieses kooperativen Vorgehens wird von unerfahrenen Sponsoring-Nehmern, aber auch von den zahlreich vorhandenen unprofessionellen Sponsoren unterschätzt. Der Sponsor, der glaubt, mit der Zahlung der Sponsoring-Summe, der Übersendung einer Druckvorlage seines Logos und der Angabe der RAL-Nummer seiner Hausfarben (⇨ U Mannheim, 6.10) sei die Sache für ihn erledigt, darf sich nicht wundern, wenn seine werbliche Präsenz in der Hochschule nachher seinen Vorstellungen nicht entspricht und sein Unternehmen in der Presse nicht erwähnt wird. Gerade dieser Sponsor wird seine Enttäuschung aber der Hochschule anlasten und ihrer vermeintlich mangelnden Fähigkeit, ihn wirksam zu präsentieren. Es ist also im Interesse der Hochschule selbst, von vornherein vom Sponsor zu verlangen, daß er sich zumindest regelmäßig an Sitzungen des Projektteams beteiligt.

Besser als diese Minimallösung ist eine arbeitsteilige Durchführung des Sponsorship, wobei die Aufgaben bereits im Sponsoring-Vertrag grob verteilt sein sollten. Das mag zunächst organisatorisch schwieriger aussehen als das Sponsorship allein durchzuführen. Die Versuchung ist groß, den „Störfaktor" Sponsor möglichst schnell aus dem Haus zu komplimentieren. Aber die Komplexität eines Sponsorship mit Pressebetreuung, Veranstaltungen, Hospitality, werblicher Präsenz, VIP-Einbindung und Sponsorenpflege ist nicht zu unterschätzen. Dies gilt um so mehr, weil alles ja neben dem eigentlichen Projekt bewältigt werden muß, zu dessen Finanzierung das Sponsorship dient. Hier ist die Mitwirkung des Sponsors doppelt hilfreich: Zum einen vermeidet seine quantitative und qualitative Unterstützung Fehler. Zum anderen verantwortet er die unvermeidbaren Pannen mit. So wird der Sponsor größere Fairneß bei der Beurteilung von Fehlern walten lassen und nicht jedes Problem der Hochschule anlasten.

5.3.1 Ablaufplanung[158]

Der Ablauf des einzelnen Sponsorship ist ganz individuell. Es gibt aber wiederkehrende Elemente und vor allem bewährte Instrumente, deren Anwendung der Individualität gerecht wird und zugleich das für den Erfolg notwendige System in den Ablauf bringt. Dieses System skizziert Abb. 13.

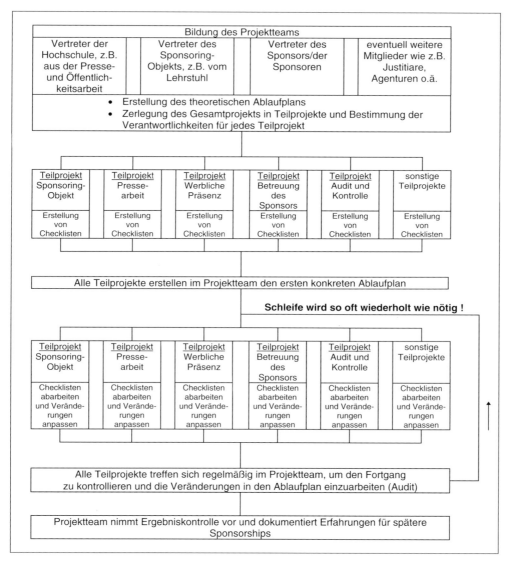

Abb. 13: Organisatorische Umsetzung größerer Sponsorships

---

[158] Vgl. zum folgenden Bruhn/Mussler (1991), S. 55 ff.

> Nur durch ständige Abstimmung und Kooperation mit dem Partner können Mißverständnisse, Enttäuschungen oder sogar grobe Fehler vermieden werden. Für die Planung und Koordination des Ablaufs eines Sponsorship sollte ein Projektteam gebildet werden.

Das Team muß so zusammengesetzt sein, daß es

- den Ablauf des gesponserten Vorhabens selbst, also des Sponsoringobjekts, überblickt,
- den geplanten Gesamtablauf des Sponsorship und dessen Ziele kennt,
- die notwendige Einbindung der übrigen Stellen der Hochschule und des Sponsors vornehmen kann,
- alle benötigten materiellen und Know-how-Ressourcen aktivieren kann und
- die Vorstellungen des Sponsors und des Gesponserten in jeder Phase genau kennt.

Im Minimalfall kann eine Person mit den entsprechenden Kenntnissen und direktem Kontakt zum Sponsor die Aufgaben des Teams übernehmen. Für komplexere Vorhaben – also fast immer – muß das Team aber größer sein. Vertreten sein sollte jedenfalls das Sponsoringobjekt, der Sponsor und die nach der Marketing-/Sponsoring-Strategie der Hochschule oder anderen internen Regelungen zu beteiligenden Stellen.

Erste Aufgabe des Teams ist die Erstellung eines groben, noch theoretischen Ablaufplans, der sich meist am Ablauf des gesponserten Vorhabens orientieren wird. Für jeden geplanten Fortschritt dieses Projekts muß überlegt werden, welche der vereinbarten kommunikativen Maßnahmen sich hier anbinden lassen. Größere Sponsorships sollten zur besseren Handhabung in Teilprojekte zerlegt werden, für die jeweils ein Verantwortlicher bestimmt werden muß. Auf die wichtigsten Teilprojekte wird noch eingegangen.

> Für jedes Teilprojekt werden Checklisten erstellt, die alle zu erledigenden Arbeitsschritte festhalten. Durch das Abarbeiten dieser Listen wird ein vollständiges und systematisches Vorgehen sichergestellt.

Nach Fertigstellung der Checklisten, in die viel Sorgfalt investiert werden sollte, ist es erstmals möglich, den tatsächlichen Arbeitsaufwand abzuschätzen. Damit werden auch die ersten realistischen Zeitschätzungen möglich und es wird in der Regel deutlich, daß man viel zu spät mit den Vorbereitungen angefangen hat. Um weiteren Zeitverlust zu vermeiden, wird vom gesamten Projektteam im nächsten Schritt der erste konkrete Ablaufplan festgelegt. Er muß den Ablauf aller Teilprojekte aufzeigen und diese zeitlich aufeinander beziehen. Ferner muß er bestimmen, zu welchen Zeitpunkten sich das ganze Projektteam jeweils wieder treffen muß, um den Ablaufplan zu bestätigen oder veränderten Bedingungen und geplatzten Terminen anzupassen.

Die einzelnen Teilprojekte arbeiten ihre Checklisten bezogen auf den Ablaufplan ab. Welche Teilprojekte notwendig sind, hängt vom Einzelfall ab. Wichtige Beispiele sind:

- Sponsoringobjekt:
  Es ist sinnvoll, das gesponserte Vorhaben selbst als Teilprojekt des gesamten Sponsorship zu betrachten. So wird eine gute zeitliche und inhaltliche Integration der verschiedenen Leistungen der Hochschule für den Sponsor erreicht. Eine direkte Beteiligung des Sponsors an diesem Teilprojekt ist eigentlich nur notwendig, wenn sein Know-how benötigt wird. Ansonsten könnten nur Befürchtungen um eine Einmischung des Sponsors in die Inhalte der Arbeit geschürt werden. Wenn solche Reaktanzgefahren nicht bestehen, kann eine Einbindung sinnvoll sein, falls eine besonders enge Bindung des Sponsors gewünscht wird. Jedenfalls muß er über den Fortgang des Sponsoring-Objekts unterrichtet sein.
- Pressearbeit (s. 5.3.2)
- werbliche Präsenz (s. 5.3.3)
- Betreuung des Sponsors (s. 5.3.4)
- Kontrolle des Sponsorship (s. 5.3.5)

5.3.2 Pressearbeit

Pressearbeit ist nicht nur dann notwendig, wenn der Sponsor seine Zielgruppen nur über die Presse erreichen kann. Auch wenn die Zielgruppe eng begrenzt ist und z. B. nur aus den zwanzig wichtigsten Kunden des Unternehmens besteht, die ohnehin zu einer Hospitality-Maßnahme eingeladen sind, macht die Einbindung der Presse Sinn. Denn die Bedeutung jeden Ereignisses wächst im Bewußtsein der Beteiligten, wenn in der Presse darüber berichtet wird. Gerade im Hochschul-Sponsoring mit seinen meist überschaubaren Zielgruppen kann man dabei gezielt vorgehen. Die Lokalpresse oder Fachpublikationen genügen meist schon, um sie zu erreichen.

Zusätzlich kann der Artikel an wichtige Vertreter der Zielgruppen verschickt werden. Die Photokopie selbst eines schwachen Presseartikels beweist den Empfängern „objektiv", daß der Sponsor an einem wichtigen Vorgang beteiligt ist und stärkt damit seine Position. Aber auch die Position der Hochschule gegenüber dem Unternehmen verbessert sich, denn beim Sponsor ergibt sich der gleiche Effekt wie bei seinen Zielgruppen. Schließlich kann der Artikel bei späteren Sponsorships als Indiz für das Medieninteresse an den Aktivitäten der Hochschule dem Akquisitionskonzept beigefügt werden.

> Pressearbeit ist ein vielfältig nutzbares Instrument, das bei keinem Sponsorship vergessen werden sollte.

Am Teilprojekt Pressearbeit sollte der Sponsor beteiligt werden, weil er die für seine Zielgruppen relevanten Medien meist am besten kennt. Außerdem können so seine Beziehungen zu den Medien mit denen der Hochschule (Pressereferenten einbeziehen!) gebündelt werden. Die Einbindung der Presse sollte frühzeitig und kontinuierlich erfolgen, wobei die Intensität zunehmen sollte, je näher berichtenswerte Ereignisse heranrücken. Die Rolle des Sponsors muß der Presse verdeutlicht werden, sonst besteht die Neigung, seine Beteiligung als „Schleichwerbung" in redaktionellen Beiträgen zu verschweigen.[159]

5.3.3 Werbliche Präsenz

Da die Zielgruppen am intensivsten erreicht werden, die dem Sponsoringobjekt am nächsten stehen,[160] ist der Sponsor an einer deutlichen Präsenz vor Ort interessiert. Diese Präsenz kann z.B. bestehen in

- persönlichen Auftritten des Sponsors, z.B. in einer Vorlesung,
- Verwendung von Produkten des Sponsors:
  Dabei ist neben Computern und anderen Ausstattungsgegenständen auch (Frei-)Bier ein beliebtes Produkt (⇨ U Dortmund, 6.3),
- Anbringung von Werbemitteln (Plakate, Stellwände, Aufkleber etc.),
- Anzeigen in Programmheften u.ä.,
- Logos auf/in Plakaten, Programmheften, Büchern etc.,
- Hospitality-Maßnahmen, also gesonderten Kommunikationsveranstaltungen mit ausgewählten Zielgruppenvertretern und Vertretern des Sponsors vor Ort,
- Zusatzaktivitäten (Verlosungen, Spiele, Promotions).

In das Teilprojekt „Werbliche Präsenz" muß der Sponsor unbedingt eingebunden werden. Einmal verfügt er über die benötigten Werbemittel, Druckvorlagen, Logos, Produkte etc. und muß bei Vorträgen oder Hospitality-Maßnahmen selbst aktiv werden. Wichtiger ist aber, daß gerade in diesem Bereich die Vorstellungen von Hochschule und Unternehmen am weitesten auseinandergehen können. Während der Sponsor eine möglichst durchdringende Präsenz erwartet, möchte die Hochschule ihr eigenes Innenleben nicht zu sehr zum Werbeschauplatz werden lassen (⇨ U-GH Essen, 6.7). Gerade Maßnahmen mit stark werblichem Charakter, wie die oben erwähnten Zusatzaktivitäten, sind für ein Hochschul-Sponsoring in der Regel aber ohnehin nur bedingt geeignet. Sie widersprechen oft den erwünschten Imagebotschaften (Seriosität, Verantwortung) und können leicht Reaktanzen auslösen. Deshalb sollte eine Einigung durchaus möglich sein. Sie ist

---

[159] Checklisten zu Pressearbeit bei Bruhn/MMussler (1991), S. 56ff.
[160] Vgl. unter 3.2, S. 29ff.

am einfachsten, wenn die Partner vor Ort jede einzelne Maßnahme, Plazierung etc. miteinander festlegen und gemeinsam durchführen.

5.3.4 Betreuung des Sponsors

Die Betreuung des Sponsors durch die Hochschule wird um so wichtiger, je weniger das Unternehmen in die Arbeit des Projektteams eingebunden ist. Sie verfolgt u. a. folgende Ziele:

- Der Sponsor muß über den Verlauf des Sponsorship informiert werden, um die notwendige Zusammenarbeit sicherzustellen und beide Seiten vor Überraschungen zu bewahren. Regelmäßige Information stärkt das Vertrauen des Sponsors in die Professionalität der Hochschule.

- Die Betreuung wird als Leistung empfunden und stärkt damit die Bereitschaft zur Erbringung und eventuellen Ausweitung der Gegenleistung sowie zu eventuell notwendigen Abstrichen bei den übrigen Leistungen des Sponsors (Pannen, Unstimmigkeiten).

- Der Sponsor soll sich mit dem Sponsoring-Objekt und möglichst mit dem Gesponserten identifizieren, um eine Bindung zu schaffen, die über den Abschluß des Sponsorship hinausgeht. Eine langfristige Zusammenarbeit setzt neben sachlich funktionierender Kooperation nämlich auch emotionale Elemente, Sympathie, Respekt, Wohlgefühl, Vertrautheit voraus.

Zur Erreichung dieser Ziele ist es neben der reinen Information auch notwendig, den Sponsor in angemessenem Rahmen emotional einzubinden. Dies kann auf inhaltlicher Ebene erfolgen, falls der Sponsor sich für das Sponsoring-Objekt besonders interessiert. Es kann auch auf das „Ego" des Sponsors abzielen (besonderer Parkplatz bei Veranstaltungen, Einladung mit interessanten Persönlichkeiten, Erwähnung bei besonderen Anlässen o. ä.) oder in anderer Weise seine Dankbarkeit verstärken (Angebot nicht vereinbarter Zusatzleistungen).[161] Diese Maßnahmen sollen nicht übertrieben werden, aber der Sponsor soll wissen, daß er der Hochschule ein geschätzter Partner ist.

Bei größeren Unternehmen muß darauf geachtet werden, daß die Betreuung auf den Chef und die verschiedenen Mitarbeiter richtig verteilt wird. In der Zusammenarbeit findet man aber schnell heraus, wer welche Bedeutung für die Entscheidungen über das laufende und spätere Sponsorships hat.

---

[161] Weitere Beispiele bei Bruhn/Mussler (1991), S. 60.

5.3.5 Sponsoring-Kontrolle

> Wie das Unternehmen muß die Hochschule den Ablauf und die Ergebnisse des Sponsorship kontrollieren, um eine korrekte Durchführung sicherzustellen und für die Zukunft zu lernen.

Auch in dieses Teilprojekt sollte der Sponsor einbezogen werden, weil jedenfalls die Ablaufkontrolle am sinnvollsten gemeinsam erfolgt.

Die Aufgaben des **Audit** entsprechen für die Hochschule exakt den oben[162] für die Ablaufkontrolle der Unternehmen dargestellten Zielen. Es sollte von den für die Sponsoring-Kontrolle Verantwortlichen vorbereitet und regelmäßig auf den Sitzungen des gesamten Projektteams durchgeführt werden. Ein wesentlicher Schritt im Auditprozeß ist die Festlegung des ersten voll ausgefüllten Ablauf- und Zeitplans, weil hier die bisherigen Vorstellungen und Grobplanungen den gesammelten Erkenntnissen angepaßt werden. Dieser Ablaufplan bleibt dann in seiner jeweils aktuellen Version Grundlage und Ergebnis des weiteren Auditprozesses. Das Audit kontrolliert, wieweit er eingehalten wurde, und paßt ihn veränderten Gegebenheiten an. Dabei ist es wichtig, für solche Veränderungen offen zu bleiben. Gerade bei langfristigen Vorhaben kann sonst die Zielerreichung gefährdet werden.

Bei der abschließenden **Ergebniskontrolle** klärt die Hochschule zunächst – wiederum analog zur Evaluation durch das Unternehmen –, ob sie ihre mit dem Sponsorship verfolgten Ziele erreicht hat. Da es sich meist um Beschaffungsziele handeln wird, ist diese Überprüfung einfach. Hat die Hochschule daneben Lern- oder Kommunikationsziele verfolgt, wird die Kontrolle schon schwieriger. Während sich wohl noch recht unproblematisch feststellen läßt, ob einzelne Hochschulangehörige ein bestimmtes Know-how aus dem Sponsorship erworben haben, setzt die Beurteilung gewünschter Einstellungsveränderungen schon empirische Studien voraus. Falls die Zielgruppen innerhalb der Hochschule lagen, kann eine solche Befragung bei den Mitgliedern der Hochschule aber auch noch mit geringem Aufwand und guter Chance auf aussagefähige Ergebnisse durchgeführt werden. Dabei können auch neue Medien – wie das Internet – eingesetzt werden (⇨ TU Dresden, Anzeige).

Dies setzt allerdings voraus, daß schon am Beginn der Maßnahme an die Evaluation gedacht wurde. Einstellungsveränderungen lassen sich nämlich nur dann schlüssig belegen, wenn auch die Ausgangseinstellungen bekannt sind. Zu deren Ermittlung müßte vor dem Sponsorship eine entsprechende Analyse durchgeführt werden, deren Ergebnisse dann mit der Ex-post-Kontrolle verglichen werden können. Untersuchungen während des laufenden Sponsorship können Aufschluß darüber geben, welche Einzelmaßnahmen in welcher Weise zum Erfolg beitragen. Ihre Ergebnisse fließen zudem in das Audit ein.

---

[162] Vgl. unter 3.6, S. 37f.

Schließlich ist es auch für die Hochschule sinnvoll, zu überprüfen, ob sich der Aufwand für das Sponsorship gelohnt hat. Sie muß also klären, ob die vom Sponsor erbrachten Leistungen und die gegebenenfalls erreichten Lern- und Kommunikationsergebnisse in einem wirtschaftlich sinnvollen Verhältnis zu den von der Hochschule erbrachten Leistungen und dem organisatorischen Aufwand lagen. Hierfür ist es notwendig, zumindest grob die Kosten zu erfassen, die der Hochschule im

	Ziel	Weg	Ergebnisse
Medienanalyse	• Quantitativer Vergleich einzelner Events untereinander sowie mit anderen Werbeaktivitäten (reine Kostengegenüberstellung) • Überprüfung von Zielgruppen-affinitäten	• TV-Resonanz-messung • Printmedienanalyse • Andere Medien	• Kontakte / Reichweiten • 1000er Kontaktpreis • Zielgruppendaten der Medien
Umfragen	• Messung des Images der Veranstaltung bei Zuschauern und Geschäftspartnern • Messung der Akzeptanz/ Glaubwürdigkeit des Sponsoring-Engagements bei Zuschauern und Geschäftspartnern • Analyse des Erinnerungswertes der Werbemittel vor Ort • Erfassung der Zielgruppenwerte	• Befragung der Geschäftspartner (VIPs) • Befragung der Zuschauer	• Aktiver und Passiver Bekanntheitsgrad (Zuschauer) • Zielgruppendaten der Zuschauer • Veranstaltungsimage • Akzeptanz / Glaubwürdigkeit des Sponsoring-Engagements • Goodwill der Geschäftspartner
Veranstaltungs-bewertung durch Checklisten	• Optimierung der Planung und Durchführung eines Events • Qualitative Beurteilung von Events als weiteres Standbein zu den quantitativen Daten aus der Medienanalyse	• Ausführliche Checkliste zur Vorbereitung einer Veranstaltung • Bewertung verschiedener Kriterien anhand einer qualitativen Checkliste	• Arbeitsunterlage für eine optimale Durchführung von Veranstaltungen • Qualitative Eventbewertung

Quelle: Dr. Mussler + Partner Sponsoring GmbH nach Drosten (1995) S. 40

Abb. 14: Instrumente der Sponsoring-Kontrolle

Zusammenhang mit dem Sponsorship entstehen. In der Regel ist die Hochschulverwaltung auf eine solche Kostenzurechnung nicht vorbereitet, so daß Schätzungen des Aufwands reichen müssen.

Die Ergebnisse des Audits fließen ebenfalls in die Ergebniskontrolle ein, beide Kontrollinstrumente beeinflussen sich also gegenseitig. Die im Audit zutage geförderten Fehler und Pannen werden daraufhin untersucht, wie sie sich zukünftig vermeiden lassen. Zusammen mit den Erkenntnissen über den Erfolg und die Kosten bestimmter Einzelmaßnahmen ergibt sich so ein beachtlicher Erfahrungsschatz für zukünftige Sponsorships, der sich auch im Akquisitionskonzept einem potentiellen nächsten Sponsor gut verkaufen läßt.

Neben der Evaluation für ihre eigenen Zwecke kann die Hochschule auch den Sponsor bei seiner Ergebniskontrolle wirksam unterstützen. Befragungen der Hochschulangehörigen kann die Hochschule am einfachsten selbst organisieren. Sie kann die Anzahl von Veranstaltungsbesuchern ebenso ermitteln wie die Anzahl der Passanten, die an einer bestimmten Stelle im Hochschulgebäude ein Werbemittel wahrnehmen. Sie kann die Erwähnung des Sponsoring-Objekts und des Sponsors in hochschuleigenen und fremden Medien ermitteln. Ein professioneller Sponsor, der sich um Ergebniskontrolle bemüht, wird solche Angebote im Akquisitionskonzept dankbar vermerken und annehmen. Natürlich muß er diesen Service bezahlen, wobei die Hochschule bei Dienstleistungen dieser Art getrost mehr als eine Kostendeckung verlangen kann.

> Mit dem Ablauf der Ergebniskontrolle endet das Sponsorship, aber möglichst nicht die Partnerschaft mit dem Unternehmen.

Die Zeit, die sich ein hochrangiges Mitglied der Hochschulverwaltung und der Leiter des Sponsoring-Objekts für eine gemeinsame Abschlußbesprechung mit dem Sponsor nehmen, ist gut investiert. Daran hat aber der Verantwortliche für das Teilprojekt „Betreuung des Sponsors" bestimmt schon gedacht ...

6 Fallbeispiele

Nach den theoretischen Ausführungen der Kapitel 2 bis 5, die die nötigen Grundkenntnisse zur erfolgreichen Planung, Durchführung und Kontrolle von Hochschul-Sponsoring vermittelt haben, wenden wir uns nun Fallstudien aus der Praxis zu. Zunächst sollen der Aufbau und die Ergebnisse der Umfrage dargestellt werden, die der Stifterverband bei den deutschen Hochschulen durchgeführt hat; diese Umfrage hat die Beispiele geliefert, die in diesem Buch vorgestellt werden. Das Spektrum reicht dabei von kleinen Vorhaben wie der Kostenübernahme für die Bibliotheksausweise einer Hochschule bis zu großen Projekten wie der Einrichtung eines Stiftungslehrstuhls. Die Beispiele sind nicht an die spezifischen Bedingungen einer einzelnen Hochschule geknüpft und können daher als Ideengeber für ähnlich gelagerte Projekte an anderen Hochschulen dienen.

Die Vorstellung des größten Projekts, der Mannesmann-Mobilfunk-Professur für Mobile Nachrichtensysteme an der Technischen Universität Dresden, orientiert sich an der im theoretischen Teil entwickelten Gliederung, so daß dem Leser immer wieder die Verbindung zu den dort erarbeiteten Grundlagen vor Augen geführt wird. Bei den anderen Beispielen lehnt sich die Gliederung dort, wo es sich anbietet, ebenfalls an die des Theorieteils an; insbesondere bei kleineren Beispielen bemühen wir uns aber bei der Darstellung in erster Linie um eine Konzentration auf besonders markante (d. h. gelungene oder mißlungene) Phasen.

6.1 Zugrundeliegende Befragung

Im Sommer 1995 hat der Stifterverband für die Deutsche Wissenschaft eine schriftliche Umfrage unter allen 294 deutschen Hochschulen (Universitäten, Fachhochschulen und sonstige Hochschulen wie z.B. Kunsthochschulen) durchgeführt. Der explorative Charakter der Umfrage wird durch die Fragestellung „Welche Hochschulen haben Erfahrungen mit Sponsoring und wie sehen diese Erfahrungen aus?" unterstrichen.

Aus der Fragestellung wird deutlich, daß es bei der Umfrage zunächst herauszufinden galt, inwieweit das Sponsoring an deutschen Hochschulen bereits verbreitet ist und wie sich konkrete Projekte heute darstellen. Zu diesem Zweck wurden die Kanzler als Verwaltungsleiter der Hochschulen gebeten, solche Projekte zu beschreiben. Dabei sollten ausdrücklich Auftragsforschung, gemeinnützige Spenden, die Arbeit von Fördervereinen etc. ausgeklammert werden, was durch folgende definitorische Abgrenzung im Anschreiben an die Kanzler verdeutlicht wurde:[163]

---

[163] Vgl. 2.1.1, S. 17.

„. . . Dabei wollen wir unter Sponsoring nicht jede externe Finanzierung verstehen (wie z. B. Auftragsforschung oder gemeinnützige Spenden), sondern nur solche Zuwendungen, die betriebswirtschaftlich als Sponsoring eingeordnet werden. Es sind dies

- die Zuwendungen von Finanz-, Sach- und/oder Dienstleistungen von einem Unternehmen oder einer Non-Profit-Organisation (= Sponsor)
- an eine natürliche oder juristische Person aus der Wissenschaft/Bildung (= Gesponserter)
- gegen die Gewährung von Rechten zur kommunikativen Nutzung der Person bzw. Institution und/oder Aktivitäten des Gesponserten
- auf der Basis einer (nicht unbedingt schriftlichen) Vereinbarung (= Sponsorship-Vertrag)."

Anders als etwa in den USA bestehen in Deutschland vielfach immer noch Berührungsängste zwischen Hochschule und Wirtschaft. Rückwirkungen auf die Verbreitung des Sponsoring waren also zu erwarten. Die Ergebnisse der Umfrage bestätigen das. Von den 294 befragten Hochschulen antworteten 70 (entspricht 23,8 %); von diesen meldeten 44 Fehlanzeige und lediglich 26 hatten nach eigenen Angaben Erfahrungen mit Sponsoring gemacht (vgl. Abb. 15).

Eine Beobachtung, mit der wir nicht gerechnet hatten, betraf die definitorische Abgrenzung des Sponsoring gegenüber anderen privaten Finanzierungsquellen: Die Hochschulen hatten trotz der von uns vorgegebenen Definition häufig Schwierigkeiten, Spenden, die Arbeit von Fördervereinen, die Errichtung von Stiftungen oder die Auftragsforschung von Sponsoring zu unterscheiden. Unter den 26 angeblich „sponsoringerfahrenen" Hochschulen waren 16, deren Beispiele selbst bei weiter Auslegung der Definition nicht unter den Begriff „Sponsoring" gefaßt werden können. Insofern könnte es möglich sein, daß auch die Ergebnisse der Untersuchung von Hermanns und Suckrow, die eine relativ weite Verbreitung des Sponsoring an Hochschulen ergibt, durch Mißverständnisse hinsichtlich der Begrifflichkeiten beeinflußt sind.

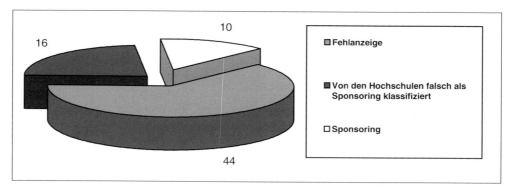

Abb. 15: Klassifikation der Rückläufe

Die Nachfrage bei einigen nicht ganz eindeutigen Beispielen ergab aber auch, daß die Trennlinie in der Praxis nicht so scharf zu ziehen ist, wie wir das ursprünglich vermutet hatten. Häufig waren Mischformen,[164] bei denen die kommunikative Nutzung durch den privaten Förderer nicht im Vordergrund stand, aber so weit vorhanden war, daß eine Einordnung in das Sponsoring möglich erschien.

Wir haben die im Anschluß dargestellten Beispiele nach Sponsoring-Objekten in sechs Kategorien eingeordnet, die dieser Gliederung folgen:

Personal
- 6.2 Mannesmann Mobilfunk Stiftungslehrstuhl für Mobile Nachrichtensysteme an der Technischen Universität Dresden
- 6.3 Gambrinus-Fellowships: Verband der Dortmunder Bierbrauer an der Universität Dortmund
- 6.4 Praxiskontaktstelle: KHB Beratungsgesellschaft an der Hochschule für Wirtschaft und Politik Hamburg

Ausstattung
- 6.5 Stiftungsbibliothek: BDO Deutsche Warentreuhand an der Universität Rostock
- 6.6 Spritzgießmaschine: Mannesmann Demag Kunststofftechnik an der Universität-GH Essen
- 6.7 Stiftungsbibliothek: Konsumgüterhersteller an einer Hochschule

Veranstaltungen
- 6.8 Projekt Zukunft: mehrere Sponsoren an der TU Braunschweig
- 6.9 Junge Kunst der 90er: PreußenElektra an der Hochschule für Bildende Künste Braunschweig
- 6.10 Beachvolleyball-Turnier und Veranstaltungsankündigungen: Dresdner Bank am Institut für Sport der Universität Mannheim

Preise
- 6.11 „Literatour Nord": DG Bank an den Universitäten Oldenburg, Hannover, Bremen und Hamburg

Forschungstransfer
- 6.12 ISOLDE: Bischoff-Paket-Logistik an der Universität Erlangen-Nürnberg

Marketing-Maßnahmen
- 6.13 Bibliotheksausweis: Techniker Krankenkasse an der Fachhochschule Hamburg
- 6.14 Anzeigenkampagne „High-Tech, High-Teach, High-Life": Siemens AG u. a. an der TU Dresden

---

[164] Vgl. 2.1.4, S. 21f.

Kategorie: Personal

6.2 Mannesmann Mobilfunk Stiftungslehrstuhl für Mobile Nachrichtensysteme an der Technischen Universität Dresden

An vielen deutschen Hochschulen existieren Stiftungsprofessuren – aber kaum jemand weiß davon. Manchmal hat man den Eindruck, es wäre den Hochschulen peinlich, den oder die Stifter zu benennen. Aber auch viele stiftende Unternehmen sehen in erster (und einziger) Linie den Förderaspekt für ein bestimmtes Forschungsgebiet. Dagegen ist prinzipiell nichts einzuwenden. Wir haben aber an der TU Dresden ein Beispiel ausfindig gemacht, das darüber hinausgehende Möglichkeiten in eindrucksvoller Weise demonstriert.

Der Mannesmann Mobilfunk Stiftungslehrstuhl für Mobile Nachrichtensysteme an der TU Dresden ist eine für Deutschland einzigartige Stiftungsprofessur, sowohl was das Forschungsgebiet als auch was die kommunikative Nutzung angeht.

Wir stellen im Kapitel 6.2.1 zunächst Auszüge aus der getroffenen Vereinbarung zwischen der Mannesmann Mobilfunk GmbH und der TU Dresden dar, die zugunsten einer einfacheren Lesbarkeit teilweise verkürzt und umformuliert wurden. Daran schließt sich eine Erläuterung der Hintergründe für die Errichtung des Stiftungslehrstuhls an. Die Erläuterung orientiert sich an der Gliederung der Kapitel 2 bis 5. So eröffnet sich dem Leser die Möglichkeit, das theoretisch Gelernte in diesem Beispiel wiederzufinden.

6.2.1 Inhalt der Vereinbarung

Die TU Dresden betreibt an der Fakultät Elektrotechnik das Institut für Nachrichtentechnik, mit drei vorgesehenen Lehrstühlen für drahtgebundene und drahtlose Nachrichtentechnik sowie für Grundlagenforschung.

Die Mannesmann Mobilfunk GmbH ist auf Grund der ihr hierzu vom Bundesminister für Post und Telekommunikation im Frühjahr 1990 erteilten Lizenz Betreiberin des privaten Mobilfunknetzes D2. In der Absicht, einen Beitrag zur Entwicklung von Lehre und Forschung in den neuen Bundesländern zu leisten und zugleich die Ausbildung von Ingenieuren der Nachrichtentechnik auch im Hinblick auf den eigenen Bedarf zu fördern, übernahm die Mannesmann Mobilfunk GmbH die Finanzierung eines Lehrstuhls für Mobile Nachrichtensysteme am Institut für Nachrichtentechnik der TU Dresden.

6.2.1.1 Allgemein

Folgende Vereinbarungen wurden zwischen Sponsor und Gesponsertem getroffen:

Am Institut für Nachrichtentechnik der TU wird ein Lehrstuhl für Mobile Nachrichtensysteme errichtet. Der Lehrstuhlinhaber wird zum ordentlichen Professor an der TU berufen, und zwar auf eine C4 Stelle. Daneben werden an dem Lehrstuhl eine Oberassistentenstelle (BAT Ib), zwei Assistentenstellen (BAT IIa) sowie je eine Stelle für einen technischen Mitarbeiter (BAT IVa) und eine Sekretärin (BAT VIb) eingerichtet.

Die Berufung des Lehrstuhlinhabers erfolgte durch die TU nach den Vorschriften des Sächsischen Hochschulerneuerungsgesetzes vom 25. Juli 1991. Dr.-Ing. Gerhard Fettweis wurde zum 1. September 1994 auf den Stiftungslehrstuhl berufen. Nach seiner Promotion im Jahr 1990 bei Prof. Meyr in Aachen arbeitete Gerhard Fettweis in den USA für IBM und TCSI. Ausgestattet mit dieser Industrieerfahrung war er von Beginn an der Wunschkandidat der TU Dresden für die Besetzung der Stiftungsprofessur.

Die Besetzung der übrigen Stellen des Lehrstuhls erfolgte durch die TU entsprechend den einschlägigen Vorschriften und nach dem bei ihr üblichen Verfahren.

6.2.1.2 Finanzen

Die Mannesmann Mobilfunk GmbH beteiligt sich in erheblichem Umfang an den entstehenden Personalkosten. Darüber hinaus wurde einmalig eine sechsstellige Summe für die Ausstattung der Büros und der Labors zur Verfügung gestellt. Zudem übernimmt der Sponsor laufende Betriebskosten bis zu einem festgeschriebenen Betrag.

Die laufenden Zahlungen werden von der Mannesmann Mobilfunk GmbH jeweils im Dezember eines Jahres für das darauffolgende Kalenderjahr auf ein Konto der TU eingezahlt. Die einmaligen Zahlungen für die Grundausstattung und die Laborgrundausstattung werden von der Mannesmann Mobilfunk GmbH innerhalb von zwei Wochen gezahlt, nachdem die TU der Mannesmann Mobilfunk GmbH schriftlich mitgeteilt hat, daß der Lehrstuhl besetzt und die Voraussetzungen für die Arbeitsaufnahme geschaffen sind. Die TU wird der Mannesmann Mobilfunk GmbH den Empfang der Beiträge und deren Verwendung unverzüglich bestätigen, so daß sie die Zahlungen steuerlich geltend machen kann. Soweit Beträge für die vorstehend genannten Verwendungszwecke nicht benötigt werden, werden sie in das nächste Jahr vorgetragen. In Abstimmung mit dem Lehrstuhlinhaber wird die Mannesmann Mobilfunk GmbH, soweit dies möglich und zweckmäßig ist, Geräte für die Laborausstattung unmittelbar bei den Herstellern beschaffen. Die hierfür von der Mannesmann Mobilfunk GmbH aufgewandten Zahlungen werden angerechnet.

6.2.1.3 Integration

Die TU stellt die für die Arbeit des Lehrstuhls erforderlichen Räumlichkeiten (Büro und Arbeitsräume für den Lehrstuhlinhaber und die Mitarbeiter sowie einen Laborraum), die Infrastruktur der TU (Bibliothek usw.) sowie die Ausstattung des bei der TU durchzuführenden Praktikums für die Studenten am Lehrstuhl zur Verfügung.

Dem Lehrstuhl obliegt die universitäre Ausbildung von Diplomingenieuren mit der Verwendungsmöglichkeit der Absolventen im Bereich der Netzbetreiber, der Systemhersteller, Hersteller von mobilen Endgeräten und der Nutzer von Mobilen Nachrichtensystemen.

Die Ausbildung erfolgt an der Fakultät Elektrotechnik der TU, im Studiengang Elektrotechnik, Studienrichtung Informationstechnik, Vertiefungsrichtung „Hochfrequenztechnik/Funktechnik" im Institut für Nachrichtentechnik. Der Lehrstuhl nimmt darüber hinaus die Funktion eines Zentrums für Fragen der Entwicklung mobiler Nachrichtensysteme sowie für die Weiterbildung und Qualifizierung von Ingenieuren der Nachrichtentechnik auf dem Spezialgebiet Mobilfunk wahr. Mit der Ausbildung ist, dem Gesamtprofil der TU Dresden gemäß, untrennbar die Forschung auf den entsprechenden Fachgebieten verbunden. Damit soll die TU auf einem weiteren zukunftsweisenden Gebiet der Technik nachhaltig tätig werden.

Der Lehrstuhlinhaber und seine Mitarbeiter unterliegen hinsichtlich ihrer allgemeinen Publikationstätigkeit keinerlei Einschränkungen; die Mannesmann Mobilfunk GmbH wird aber über derartige Publikationen unterrichtet. In Bezug auf die Durchführung von Auftragsforschungsvorhaben wird die vorhandene Kapazität vorrangig der Mannesmann Mobilfunk GmbH zur Verfügung stehen. Die Übernahme von Forschungsaufträgen für Dritte bedarf der vorherigen schriftlichen Zustimmung durch die Mannesmann Mobilfunk GmbH, die diese jedoch nicht grundlos verweigern wird.

Mannesmann Mobilfunk GmbH und die TU Dresden streben einen intensiven Informations- und Erfahrungsaustausch im Rahmen einer engen Zusammenarbeit zwischen dem Lehrstuhl und der Mannesmann Mobilfunk GmbH an. Insbesondere sollen zweimal im Jahr Gespräche zwischen dem Lehrstuhlinhaber und der Geschäftsführung der Mannesmann Mobilfunk GmbH stattfinden, in denen der Sponsor über die Arbeit am Lehrstuhl unterrichtet und ihm Gelegenheit zu Anregungen gegeben wird. Die Freiheit von Lehre und Forschung an dem Lehrstuhl wird hierdurch nicht berührt. Die Mannesmann Mobilfunk GmbH stellt den Studenten des Lehrstuhls zeitlich befristete, den Ausbildungszwecken dienliche Praktikantenstellen zur Verfügung.

Die dargestellten Auszüge aus der schriftlich niedergelegten Vereinbarung verdeutlichen, daß ein kooperatives Verhalten der Partner das Ziel des Sponsorship darstellt. Den schmalen Grat zwischen berechtigter Interessenwahrung des Sponsors und der Bewahrung der Freiheit von Lehre und Forschung nicht zu verlassen, ist der Schlüssel zum Erfolg dieses Sponsorship.

Die Hintergründe und Motivationen für die Errichtung des Stiftungslehrstuhls sowie die kommunikative Nutzung und sonstige Spezifika werden im folgenden erläutert.

6.2.2   Der Sponsor

6.2.2.1   Grundsatzüberlegungen

Ohne mindestens einen Sponsor ist das schönste Sponsoring-Projekt zum Scheitern verurteilt. Ihn zu finden und von dem Vorhaben zu überzeugen, ist die Schlüsselaufgabe eines jeden Gesponserten. Der Sponsor wird kein Sponsorship betreiben, bei dem er seine kommunikativen Ziele nicht verfolgen und seine Zielgruppen nicht erreichen kann. Dazu muß ein Sponsorship in die allgemeine Kommunikationsstrategie des betreffenden Sponsors passen.

Es könnte nun der Eindruck entstehen, daß die Wünsche des Sponsors über allen sachlichen Anliegen stehen. Dieser Eindruck täuscht; vielmehr kommt es auf eine Kooperation zwischen Sponsor und Gesponsertem an. Nicht das Projekt muß sich verbiegen, sondern der zum Projekt passende Sponsor muß gefunden werden, um den vielbeschworenen Imagetransfer sicherzustellen. Selbstverständlich wird sich auch der Sponsor jenes Projekt auswählen, mit dem er seine Zielsetzungen am besten verfolgt sieht.

Wir werden also zunächst auf die Ziele und die anvisierten Zielgruppen eingehen, sowie in Grundzügen die dahinterstehende Strategie der Mannesmann Mobilfunk GmbH darstellen. Es wird sich herausstellen, daß im optimalen Fit zwischen der Mission des Lehrstuhls und der des Sponsors ein wesentlicher Erfolgsfaktor dieses Sponsorship liegt.

6.2.2.2   Die Ziele des Sponsors

In den Unternehmensleitlinien der Mannesmann Mobilfunk GmbH sind die Ziele der Unternehmung festgehalten. *Verantwortungsvolles Handeln für Umwelt und Gesellschaft, progressive, richtungsweisende Entwicklung neuer Produkte und Dienstleistungen* finden sich dort genauso wie *aktive Identifikation mit unserem Unternehmen* oder auch die *ständige Verbesserung der Qualität unserer Arbeit*. Alles ist ausgerichtet auf die Business Mission, die sich in *Vorsprung, Freiheit und Erfolg durch unsere Dienstleistungen rund um die mobile Kommunikation* für den Kunden darstellt.

Es ist offensichtlich, daß jedwedes Engagement mit diesen Zielsetzungen übereinstimmen bzw. die Erreichung der Ziele unterstützen muß. Mit dem Engagement an der TU Dresden ist diese Unterstützung gewährleistet. Durch die Errichtung des Stiftungslehrstuhls beweist die Mannesmann Mobilfunk GmbH technische Kompetenz, Innovations- und Leistungsfähigkeit auf dem Mobilfunksektor. Das positive Image einer wissenschaftlichen Einrichtung, die sich zudem mit dem Kerngeschäft des Sponsors beschäftigt, trägt ideal zur Unterstützung der Ziele bei. Damit verbunden ist die Erhöhung des Bekanntheitsgrades unter den auf diesem Feld tätigen Wissenschaftlern.

Das Engagement erzielt auch Effekte für das Personalmarketing des Sponsors. Ambitionierte Studierende des Lehrstuhls können über entsprechende Praktika den Sponsor auch als Arbeitgeber kennenlernen. Durch die Kooperation mit dem Lehrstuhlinhaber wird eine gewisse Vorauswahl getroffen, die insgesamt die fachliche Qualität der Nachwuchskräfte in diesem Bereich zu verbessern hilft.

Der Standort des Gesponserten zählt ebenfalls zu den Motiven für das Engagement, da die Mannesmann Mobilfunk GmbH sich nach der Wende zur Aufgabe gemacht hat, die Förderung der Wissenschaft im Osten Deutschlands voranzutreiben. Dies allein wäre aber für ein Engagement dieser Intensität und finanziellen Größenordnung nicht ausreichend gewesen, da das Hauptaugenmerk auf der hohen Qualität der Forschung liegt, wie sie an der TU Dresden geleistet wird.

Den sponsoreigenen Zielgruppen „Kunden" und „Mitarbeiter" vermittelt man durch das Engagement die vom Lehrstuhl angebotenen Imagedimensionen, wie z.B. technische Kompetenz, Innovationsfähigkeit, Nachwuchsförderung und Übernahme gesellschaftlicher Verantwortung.

6.2.2.3   Zielgruppen des Sponsors

Die Zielgruppen eines Hochschul-Sponsoring sind naturgemäß von geringer Quantität, aber von hoher Qualität. Dies trifft auch hier tendenziell zu, obwohl die Mannesmann Mobilfunk-eigenen Zielgruppen „Kunden" und „Mitarbeiter" in diesem Fall die Quantität erhöhen.

Folgende Zielgruppen werden angesprochen:
- Allgemeine Hochschulöffentlichkeit
- Interessierte Hochschulöffentlichkeit, d.h. diejenigen, die sich im weitesten Sinne mit Mobilfunk beschäftigen, vor allem Studierende und Mitarbeiter aus den Bereichen Elektrotechnik und Informatik
- Wissenschaftler, Studierende und Mitarbeiter ähnlicher Fachrichtungen an anderen Lehrstühlen
- (Interessierte) Öffentlichkeit der Region Dresden
- Kunden und Mitarbeiter der Mannesmann Mobilfunk GmbH
- Unternehmen, die mit dem Lehrstuhl in wissenschaftlicher Zusammenarbeit/ Kooperation stehen
- Leser der Fachpresse

6.2.2.4 Weitere strategische Überlegungen

Wissenschafts-Sponsoring insgesamt steuert einen Teil zur Umsetzung der Kommunikationsstrategie bei. Die Errichtung des Stiftungslehrstuhls war die erste Sponsoring-Aktivität der Mannesmann Mobilfunk GmbH in dieser Richtung. Strategisch ist das Engagement insoweit einzuordnen, daß eine Steigerung des Bekanntheitsgrades und natürlich auch der Imagetransfer in die relevante Zielgruppe (Wissenschaftler, die sich mit Mobilfunk beschäftigen) am leichtesten über Aktivitäten in der Wissenschaft zu gewährleisten ist.

Die konsequente Weiterführung dieser Strategie ist die Errichtung der Mannesmann Mobilfunk-Stiftung für Forschung, die nach den guten Erfahrungen mit dem Stiftungslehrstuhl in Dresden ins Leben gerufen wurde und einen jährlichen Innovationspreis auslobt. Ziel der Stiftung ist die Förderung von Forschung und wissenschaftlicher Weiterentwicklung im Bereich der Mobilkommunikation und die Verbesserung des wissenschaftlichen Austausches auf diesem Gebiet[165]. Im Jahr 1997 soll der Preis zwar in Dresden verliehen werden, die Ausschreibung und Vergabe ist jedoch vom Stiftungslehrstuhl vollkommen unabhängig.

Dieser weiterführende Schritt verdeutlicht das Bemühen der Mannesmann Mobilfunk GmbH, ihre Aktivitäten nicht unverbunden zu lassen, sondern vielmehr jede einzelne in die Gesamtkommunikation zu integrieren.

6.2.2.5 Realisierung

Jeder Sponsor hat seine eigenen Kriterien, nach denen er angebotene Sponsorships annimmt oder ablehnt. Wichtige Punkte sind dabei die Qualität und Reputation des Sponsoring-Objekts (hier der Lehrstuhl an der TU Dresden), sowie ein professionelles Management des Sponsorship durch den Gesponserten (hier die Hochschulverwaltung).

Ein weiterer wichtiger Grund für die Realisierung des Sponsorship ist in der Einzigartigkeit des Lehrstuhls zu sehen, die das vom Sponsor gewünschte Medieninteresse hervorruft. Dieses wird durch das Trendprodukt Handy noch verstärkt.

Der Standort der TU im Osten Deutschlands bietet dem Sponsor zudem die Möglichkeit, seine gesellschaftliche Verantwortung für den Aufbau Ost unter Beweis zu stellen.

---

[165] Die Ankündigung zur Preisauslobung der Mannesmann Mobilfunk Stiftung für Forschung finden Sie im Anhang.

6.2.2.6 Nutzung des Sponsorship/Integration in die Unternehmens-kommunikation

Die guten Gründe, die auf Seiten des Sponsors für die Realisierung sprachen, müssen selbstverständlich an die Zielgruppen kommuniziert und vor allem in weitere Instrumente der (Gesamt-) Unternehmenskommunikation eingebunden werden.

Erwähnenswert sind in diesem Zusammenhang die sponsoreigenen Zielgruppen „Kunden" und „Mitarbeiter", die über die hochschuleigenen Zielgruppen hinaus durch das Engagement angesprochen werden. In der vierteljährlich erscheinenden Kundenzeitschrift „0172 Das Mannesmann Mobilfunk Magazin" wurde es durch einen Gastkommentar von Prof. Fettweis dargestellt. Technische Kompetenz und soziale Verantwortung konnten so dem Kunden demonstriert werden. Der Kommentar erschien in der Ausgabe 2/96, mit einer Auflage von 850 000 Exemplaren.

Natürlich sollen auch die eigenen Mitarbeiter durch das Engagement „ihres" Unternehmens angesprochen und motiviert werden; daher erfolgten mehrere Veröffentlichungen in der Mitarbeiterzeitung „D2 Team", die sechsmal im Jahr erscheint. In der Ausgabe 6/94 wurde das Engagement den Mitarbeitern vorgestellt, in der Ausgabe 2/95 gab es einen Messebericht über die TU Dresden auf der CeBIT. Die Auflage betrug jeweils 2 800 Exemplare. In der Ausgabe 6/95, jetzt mit einer Auflage von 3 800, wurde über den SEL-Preis berichtet, mit dem der Lehrstuhlinhaber Prof. Fettweis gewürdigt wurde.

Trotz der regelmäßigen Berichterstattung im „D2 Team" sieht man in der Presse- und Öffentlichkeitsarbeit noch Optimierungspotentiale in der Implementierung nach innen und außen. Der weitere Auf- und Ausbau einer integrierten Unternehmenskommunikation soll hier Abhilfe schaffen.

6.2.2.7 Sponsoring-Kontrolle

Unternehmen sind es gewohnt, dem Aufwand ihrer Bemühungen einen entsprechenden Ertrag gegenüberzustellen. Auch Sponsoring- Projekte werden nach dieser Maßgabe bewertet. Zunächst findet im Vorfeld eine Abschätzung des möglichen Erfolgspotentials statt. Nach der Festlegung der Zielsetzungen und ihrer Strategie wird die Maßnahme durchgeführt. Kontrollen finden während des Prozesses (als Audit) und am Ende der Maßnahme (als Erfolgskontrolle) statt.

Da das Engagement der Mannesmann Mobilfunk GmbH in Dresden noch nicht beendet ist, gibt es noch keine abschließende Evaluation. Die laufenden Erfolgskontrollen beschränken sich auf die Sammlung und Auswertung der Presseberichte über den Stiftungslehrstuhl. Dabei beobachtet man die Entwicklung der Reputation und der Darstellung des Lehrstuhls in der Fachwelt. Diese Aufgabe nimmt primär die Zentrale der Mannesmann Mobilfunk GmbH in Düsseldorf wahr. Die Zusammenarbeit auf fachlichem Gebiet wird hauptsächlich durch die

Dresdner Niederlassung durchgeführt. Die räumliche Nähe der Partner ist der Garant für schnelle und flexible Lösungen in der Zusammenarbeit.

Man ist sich darüber im Klaren, daß das Hochschul-Sponsoring nur einen sehr kleinen Teil in der Kommunikation der Mannesmann Mobilfunk GmbH ausmacht und daher sein Erfolgsbeitrag zur Imageveränderung oder zur Erhöhung des Bekanntheitsgrades nicht quantitativ zu messen ist. Zudem ist es schwierig, die kommunikative Wirkung den einzelnen Maßnahmen zuzuschreiben.

6.2.3   Strategie des Gesponserten

Nachdem wir die Sichtweise des Sponsors kennengelernt haben, wenden wir uns nun dem Gesponserten zu.

Bevor Maßnahmen entwickelt werden können, muß eine Diagnose erstellt, d. h. eine Situationsanalyse durchgeführt werden. Nur bei sorgfältiger Durchführung und unter Beachtung möglichst aller relevanter Umweltdaten ist ein erfolgversprechender Maßnahmenkatalog umzusetzen.

Die Offenheit der TU Dresden gegenüber neuen Finanzierungsmöglichkeiten und auch generell einer „aggressiveren" Vermarktung der Hochschule[166] insgesamt erklärt sich aus dem Werdegang nach der Wende.

6.2.3.1   Grundsatzüberlegungen zur Sponsoringstrategie der TU Dresden

Nach der Wende mußte die TU Dresden ihren Standpunkt in der Hochschullandschaft neu bestimmen. Es stand eine umfangreiche Umorganisation auf dem Programm, die von vielen Personalwechseln begleitet war. Schnell wurde der Verwaltungsspitze klar, daß sich der auch heute noch größte Arbeitgeber Dresdens in Richtung eines modernen Dienstleistungsunternehmens wandeln sollte. Unter diesem Blickwinkel könnte man den Schritt zur Volluniversität im Jahre 1994 als eine Diversifizierungsstrategie auffassen, bei der die einzelnen Fakultäten, Lehrstühle und Institute als „strategische Geschäftsfelder" verstanden werden.

Dieses neue Selbstverständnis beinhaltet eine stärkere Marketingorientierung der gesamten Hochschule, die auch Offenheit gegenüber einem innovativen Beschaffungsmarketing einschließt. Auch das bekannte Instrument der Stiftungsprofessur ist dazu zu zählen.

---

[166] Siehe auch 6.14, S. 150ff.

6.2.3.2 Akzeptanzprobleme

In der DDR gehörte die Kooperation der Hochschulen mit den Kombinaten zum Alltag, so daß auf Hochschulseite eine grundsätzlich positive Grundeinstellung zur Zusammenarbeit mit Unternehmen bestand. Bedenken, daß das starke Engagement der Mannesmann Mobilfunk GmbH eventuell Spenden anderer Förderer für die TU beeinträchtigen, konnten nicht bestätigt werden. Ganz im Gegenteil konnten sogar mehr Spenden eingeworben werden, wie beispielsweise das Alcatel SEL Stiftungskolleg für interdisziplinäre Verkehrsforschung mit DM 120 000,– pro Jahr zeigt.

Alle Aktivitäten der Hochschule werden auch in der Stadt mit Interesse beobachtet. Außergewöhnliche Sponsoring-Aktivitäten werden in Dresden wahrgenommen, zumal sie als profilbildende Maßnahme auch für das Image der Stadt verstanden werden.

6.2.3.3 Organisatorische Regelungen

Die TU Dresden stellt in der deutschen Hochschullandschaft einen Sonderfall dar, da in außergewöhnlich starker Weise die Verwaltung Einfluß auf die strategische Ausrichtung der Hochschule als Ganzes nimmt. Von dort aus wurde auch die Einrichtung des Stiftungslehrstuhls initiiert und koordiniert. Vor allem das Dezernat für Forschungsförderung und Öffentlichkeitsarbeit und der Kanzler der TU, Alfred Post, arbeiten dabei eng zusammen. Bei Bedarf treten auch noch weitere Verwaltungsfunktionen in Aktion, wie z. B. das Justitiariat. Daraus wird ersichtlich, daß es zwar keinen expliziten Sponsoring-Beauftragten gibt, die erforderlichen Aufgaben aber in der Verwaltung konzentriert sind und auch von dort wahrgenommen und vorangetrieben werden.[167]

6.2.3.4 Ziele des Gesponserten

6.2.3.4.1 Beschaffungsziele

Für die TU war es nur mit dem Instrument der Stiftungsprofessur möglich, den schon angesprochenen vierten Lehrstuhl einzurichten. Weitere Ziele, deren Erreichung sich jetzt ebenfalls abzeichnet, gehörten nicht originär zum Projekt, werden aber nun konsequent verfolgt und machen einen Großteil des Erfolges aus.

6.2.3.4.2 Kommunikationsziele

Für den Gesponserten kann ein Kommunikationsziel in der, zugegeben recht seltenen, Umkehrung des Imagetransfers liegen. Während normalerweise im Wissenschafts-Sponsoring der Sponsor vom positiven Image des Gesponserten profitiert, können wir in Dresden auch den umgekehrten Fall beobachten. Durch das Enga-

---

[167] Vgl. auch 6.2.4.3.4, S. 102.

gement der Mannesmann Mobilfunk GmbH ist der Stiftungslehrstuhl über die Grenzen der Stadt hinaus bekannt geworden und steht als Synonym für die Praxisnähe und Innovationsfähigkeit der gesamten TU. Begünstigt wird dies durch die Einzigartigkeit des Lehrstuhls und auch durch dessen Inhaber Prof. Dr.-Ing. Gerhard Fettweis, der als anerkannter Fachmann auf dem Gebiet des Mobilfunks gilt und daher Medieninteresse auf sich zieht.

6.2.3.4.3 Lernziele

Lernziele stellen das zweite Zusatzziel zu den originären Beschaffungszielen dar. Wenn man sich als Hochschule auf eine intensive Kooperation mit einem jungen, dynamischen Unternehmen einläßt, dabei seine Positionen deutlich vertritt, aber auch Verständnis für kommunikative Forderungen seitens des Unternehmens zeigt, kann man sicherlich auch von dessen Erfahrungen, Kontakten und Knowhow für seine eigene tägliche Presse- und Öffentlichkeitsarbeit profitieren. Als Beispiel dafür sei die gemeinsam im Juli 1995 herausgegebene Broschüre zum Stiftungslehrstuhl „Mobile Nachrichtensysteme" genannt, deren Gestaltung (vgl. Abb. 16) zudem das kooperative Verhältnis der Partner betont.

Abb. 16: Deckblatt der gemeinsam von Mannesmann Mobilfunk und der TU Dresden herausgegebenen Broschüre zum Stiftungslehrstuhl „Mobile Nachrichtensysteme"

Wichtiger ist allerdings die Bewußtseinsänderung innerhalb der gesamten Hochschule, indem einzelne Fachbereiche sehen, was an „ihrer" Hochschule möglich ist und daß über zusätzliche Sponsoren-Gelder die Qualität der Lehre und Forschung ganz entscheidend verbessert werden kann. Die hier einsetzenden Denkprozesse und die Initiierung eigener Projekte sind von der Verwaltung erwünscht und sollen durch Hilfestellungen in Planung und Realisierung gefördert werden.

6.2.3.5 Leistung und Gegenleistung

Bei einem guten Geschäft müssen Leistung und Gegenleitung in einem angemessenen Verhältnis zueinander stehen. Die Bedeutung der Vokabel „angemessen" wird dabei von den jeweiligen Verhandlungspartnern definiert.

6.2.3.5.1 Leistung der TU Dresden

Für die finanzielle Leistung des Sponsors hat sich die TU zu verschiedenen Gegenleistungen auf den unterschiedlichen Ebenen verpflichtet.

- **Sponsoring-Objekt**

Die Einrichtung und die wissenschaftliche Tätigkeit des Stiftungslehrstuhls bilden als Sponsoring-Objekt die Grundlage für die kommunikativen Aktivitäten der Partner. Die Qualität der Lehre und Forschung sicherzustellen, ist die Hauptaufgabe der TU in diesem Bereich. Daraus ergibt sich für den Sponsor zum einen der Vorteil einer bevorrechtigten Nutzung der Auftragsforschungskapazitäten des Lehrstuhls und zum anderen die Möglichkeit des Personalmarketing.

- **Kommunikative Unterstützung**

Die kommunikative Arbeit mit dem Lehrstuhl wird durch folgende Aktivitäten seitens der TU gefördert:
  ▷ Namensgebung des Lehrstuhls in „Mannesmann Mobilfunk Stiftungslehrstuhl für Mobile Nachrichtensysteme"
  ▷ Kommunikative Nutzung in Pressekonferenzen, Veröffentlichungen etc.
In der Auswertung und Nutzung der Rechte unterstützen sich die Presse- und Öffentlichkeitsarbeit der TU Dresden und der Mannesmann Mobilfunk GmbH gegenseitig.

- **Image**

Wissenschaft ist mit bestimmten Imagedimensionen, wie z.B. Innovation, Fortschritt, Moderne oder auch Zukunft besetzt. Für den Sponsor Mannesmann Mobilfunk GmbH als jungem Wettbewerber auf dem Mobilfunkmarkt waren diese Imagedimensionen vor allem in der Anfangszeit von großem Wert, da die eigene Tradition und auch technische Kompetenz in der Öffentlichkeit nicht wahrgenommen wurde. Die Einzigartigkeit des Lehrstuhls im Geschäftsfeld des Sponsors – zumal ein Lehrstuhl im Osten Deutschlands – liefert weitere Imagedimensionen, wie z.B. Übernahme gesellschaftlicher Verantwortung.

Im allgemeinen sind die Imagebezüge aufgrund von Plausibilitätsüberlegungen angestellt, da es keine entsprechenden empirischen Untersuchungen zu diesem Themengebiet gibt.

- **Zielgruppen**

Wir haben oben gesehen, daß die Übereinstimmung der angesprochenen Zielgruppen von Sponsor und Gesponsertem eine sehr wichtige Rolle spielt. Der Lehrstuhl an der TU Dresden kann zunächst auf die Studierenden und Mitarbeiter des Lehrstuhls verweisen. Wir sahen aber bereits, daß auch die allgemeine Hochschulöffentlichkeit und die Fachöffentlichkeit in Deutschland wie auch die Stadt Dresden von dem Stiftungslehrstuhl erfahren hat und somit neben der spezifischen Zielgruppenansprache auch eine konkrete Verbesserung des allgemeinen Bekanntheitsgrades der Mannesmann Mobilfunk GmbH erfolgt ist.

Dieses Angebot der hochschuleigenen Zielgruppen ist den Leistungen des Gesponserten hinzuzurechnen, wohingegen die Kunden und Mitarbeiter der Mannesmann Mobilfunk GmbH sponsoreigene Zielgruppen sind.

6.2.3.5.2 Gegenleistung der Mannesmann Mobilfunk GmbH

- **Art der Gegenleistung**

Die Art der Gegenleistung ist in der Vereinbarung festgeschrieben. Es handelt sich um Finanzleistungen, die zur Deckung von Personal- und Ausstattungskosten zu verwenden sind. Ausnahmsweise können Ausstattungsgegenstände des Labors über die Mannesmann Mobilfunk GmbH direkt beschafft und eingebracht werden. Die dadurch erzielten Summen werden natürlich angerechnet. In Einzelfällen haben auch Mitarbeiter der Mannesmann Mobilfunk GmbH Lehrveranstaltungen mitveranstaltet. Nicht zu vergessen ist die Bereitstellung von Praktikumsplätzen für geeignete Studierende aus dem Umfeld des Stiftungslehrstuhl.

- **Angemessenheit**

Der Kanzler der TU Dresden schätzt die Kooperation mit der Mannesmann Mobilfunk GmbH und sieht Leistung und Gegenleistung in einem ausgeglichenen Verhältnis. Für den Sponsor erschließen sich zum einen neueste wissenschaftliche Erkenntnisse und zum anderen bietet sich die Möglichkeit eines einzigartigen kommunikativen Auftritts durch die öffentlichkeitswirksame Nutzung des Engagements. Für die TU standen zunächst primär Beschaffungsziele im Vordergrund. Diese sind durch die Überweisung der vereinbarten Summen durch den Sponsor erreicht. Die darüber hinaus gehenden kommunikativen Effekte stellen einen zusätzlichen Nutzen für die Hochschule dar, an den bei Errichtung des Lehrstuhls noch nicht gedacht wurde.

Da durch die Mannesmann Mobilfunk GmbH keine weitere Einflußnahme auf die akademischen Belange der TU erfolgt, gehen wir von einer „Win-Win" Situation aus, die als Idealsituation eines Sponsorship gelten kann.

6.2.3.5.3   Budgetierung

Allein die direkten Kosten des Sponsorship erreichen über die Laufzeit von drei Jahren eine Summe in Millionenhöhe. Es ist fraglich, ob die kommunikative Leistung der Hochschule diese Investition rechtfertigt. Dieser Aspekt ist aber offensichtlich nicht berücksichtigt worden. Vielmehr hat man sich an den tatsächlichen Kosten des Stiftungslehrstuhls orientiert. Dies zeigt, daß die Partner das Vorhaben nicht als reines Sponsoring verstanden haben, sondern daß der Förderaspekt ein wesentliches Motiv war. Demnach ist nicht die Sponsoring-Summe falsch kalkuliert worden,[168] sondern es liegt eine Mischform zwischen Spende und Sponsorship vor.[169]

6.2.4   Realisierung des Sponsorship

6.2.4.1   Partnersuche

Die Partnersuche stellt den schwierigsten Part für den Sponsoren-Sucher dar. In diesem Fall lag ein besonderes Augenmerk auf der engen Eingrenzung der in Frage kommenden Sponsoren.

6.2.4.1.1   Auswahl

Wie passend die Auswahl des Sponsors Mannesmann Mobilfunk für das Projekt und den Gesponserten ist, zeigt sich in den Bezügen zwischen Sponsor und Gesponsertem. Als weitere Auswahlkriterien kamen Branche und persönlicher Kontakt hinzu.

* **Bezüge zwischen TU Dresden und Mannesmann Mobilfunk GmbH**

Zur optimalen Verwirklichung der Ziele von Sponsor und Gesponsertem ist es wichtig, daß ein Fit auf den verschiedenen Ebenen besteht. Bruhn nennt dies „sinnvolle Bezüge"[170] meint damit sechs Dimensionen, die mit den Stichworten Verantwortung, Regionalität, Produkt, Image, Zielgruppe und Know-how beschrieben werden. In allen Dimensionen ergaben sich in unserem Beispiel schlüssige Übereinstimmungen.

Verantwortung: *Verantwortungsvolles Handeln für Umwelt und Gesellschaft* ist Teil der Unternehmensleitlinien. Eine Förderung der Wissenschaft im Produktbereich der Mannesmann Mobilfunk GmbH ist Teil des verantwortungsvollen Handelns.

Regionalität: Stammsitz der Mannesmann Mobilfunk GmbH ist zwar Düsseldorf, aber nach der Wende gab man ein Bekenntnis zur Mithilfe beim Aufbau Ost.

---

[168] Vgl. 4.5.2.2., S. 51.
[169] Vgl. 2.1.4, S. 21f.
[170] Vgl. unter 5.1.1.1, S. 55f.

Produkt: Mit Sicherheit liegt der stärkste Bezug im Produkt selbst. Wir stellen eine perfekte Übereinstimmung zwischen dem Produkt „Mobilfunk" der Mannesmann Mobilfunk GmbH und der Tätigkeit des Lehrstuhls fest. *Die progressive, richtungsweisende Entwicklung neuer Produkte und Dienstleistungen* ist Bestandteil des Auftrags des Sponsors und kann durch das Engagement am Lehrstuhl erfüllt werden.

Image: Neben anderen Imagefaktoren möchte die Mannesmann Mobilfunk GmbH vor allem technische Kompetenz beweisen, die sich hervorragend aus dem exzellenten wissenschaftlichen Ruf der TU Dresden ableiten läßt.

Zielgruppe: Wie schon erwähnt, ist Hochschul-Sponsoring eher für kleine, qualitativ hochwertige als für quantitativ große Zielgruppen geeignet. Zunächst stand sicher auch die kleine Zielgruppe der mit dem Mobilfunk auf wissenschaftlicher Ebene Beschäftigten im Vordergrund. Es werden aber auch Mitarbeiter und Kunden über das Engagement informiert, so daß technische Kompetenz auch dort bewiesen wird. Dank des guten Medienechos konnten auch diese vorher nicht erwarteten größeren Zielgruppen erreicht werden.

Know-how: Der Know-how-Transfer vom Stiftungslehrstuhl in Richtung Sponsor hat sich erst allmählich im Laufe der Zeit entwickelt.

- **Weitere Auswahlkriterien**

Die angesprochene Branche und auch der bestehende persönliche Kontakt zum jetzigen Haupt-Sponsor Mannesmann Mobilfunk bilden die weiteren Auswahlkriterien, die eine wichtige Rolle für das Zustandekommen der Kooperation spielten.

Branche: Die Wettbewerbssituation auf dem Markt der Mobilfunknetzbetreiber in Deutschland hatte einen gewichtigen Einfluß auf die Sponsoren-Suche. Anfang 1992 war die Mannesmann Mobilfunk GmbH der einzig privatwirtschaftliche Betreiber eines Mobilfunknetzes.

Bei der Telekom liefen zwar schon die Vorbereitungen zur Privatisierung, aber auf die entsprechende Anfrage aus Dresden, ob man sich an diesem Lehrstuhl engagieren wolle, reagierte das Unternehmen mit dem Verweis auf das zuständige sächsische Wissenschaftsministerium. Aus damaliger Sicht war diese Entscheidung sicher richtig, heutzutage beweist die Telekom, daß auch sie die Vorteile eines Engagements an Hochschulen erkannt hat und nutzt, wie der neu errichtete Stiftungslehrstuhl „Intelligente Netze und Telekommunikationsmanagement Netze" an der TU Berlin zeigt. E-plus war zum damaligen Zeitpunkt noch nicht am Markt und so blieb die Mannesmann Mobilfunk GmbH als einziger potentieller Sponsor übrig.

Persönlicher Kontakt: Wichtigster Anknüpfungspunkt ist allerdings der persönliche Kontakt. Der Kanzler der TU selbst hat dieses Sponsorship initiiert und einen Kontakt zur Geschäftführung der Mannesmann Mobilfunk GmbH aufgebaut. So wurde der Grundstein der Zusammenarbeit auf der höchstmöglichen Verhandlungsebene gelegt, was eine denkbar günstige Voraussetzung für ein Sponsorship darstellt. Die weitere Abwicklung erfolgte dann auf den dafür zuständigen Ebenen. Hier müssen wir vor allem das Dezernat für Forschungsförderung an der TU und die Abteilung Presse- und Öffentlichkeitsarbeit der Mannesmann Mobilfunk GmbH müssen, die für die kommunikative Umsetzung sorgen.

- **Anzahl der Partner**

Die Mannesmann Mobilfunk GmbH ist der Haupt-Sponsor des Lehrstuhls. Daneben gibt es andere Förderer im Rahmen von Auftragsforschung und weitere Förderer (also keine Sponsoren!), die mit geringeren Summen an der Finanzierung des Lehrstuhls beteiligt sind.
Dies sind aus der Industrie:
- ▷ Siemens Private Netze, Kommunikationsendgeräte, Halbleiter
- ▷ Synopsis
- ▷ TCSI
- ▷ Daimler Benz
- ▷ Asahi Chemical
- ▷ Analog Devices Inc.
- ▷ Hewlett Packard
- ▷ Motorola
- ▷ Rohde & Schwarz
- ▷ Sony

und als öffentliche Geldgeber:
- ▷ DFG Innovationskolleg „Kommunkationssysteme"; DFG Sonderforschungsbereich 358 „Automatisierter Systementwurf" und DFG Schwerpunktprogramm „Mobile Kommunikation"
- ▷ BMBF: ATMmobil (mit weiteren Industriepartnern, wie Alcatel SEL, Bosch, DASA, Ericsson, Krone, DeTeMobil)
- ▷ TU Dresden.

Die Verteilung der finanziellen Lasten zeigt Abb. 17:

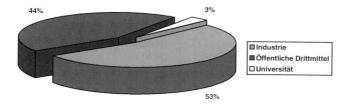

Abb. 17: *Finanzierung des Stifungslehrstuhls Mobile Nachrichtensysteme*

Insgesamt trägt die Mannesmann Mobilfunk GmbH als Haupt-Sponsor knapp die Hälfte aller anfallenden Kosten.

Eine Konkurrenz zwischen den privaten Finanziers ist nicht zu erwarten, da enge Geschäftsbeziehungen zwischen der Mannesmann Mobilfunk GmbH und Siemens im Bereich der mobilen Endgeräte und Netzsysteme bestehen. TCSI ist ein ehemaliger Arbeitgeber des Lehrstuhlinhabers Prof. Fettweis, der somit eine integrierende Funktion einnimmt.

Weitere Partner aus der Industrie sind durch das Industrie Partner Programm (IPP) des Lehrstuhls involviert. Gegen Zahlung einer festgelegten Jahressumme erwirbt der Förderer in erster Linie Dienstleistungen rund um die Forschungsleistungen des Lehrstuhls. Im Vordergrund stehen dabei ein vierteljährlich erscheinender Newsletter, Workshops am Lehrstuhl und ein früher Zugriff auf Forschungsergebnisse.

Die DFG und das BMBF als öffentlicher Geldgeber benötigen in diesem Zusammenhang keine weitere Betrachtung.

6.2.4.1.2 Ansprache

Nach der Auswahl der in Frage kommenden Sponsoren folgt das normalerweise schwierige Feld der Ansprache, wobei ein schlüssiges Akquisitionskonzept an den richtigen Ansprechpartner gebracht werden muß.

- **Akqusitionskonzept**

Ungewöhnlicherweise existierte kein schriftliches Akquisitionskonzept. Die TU hat sich Gedanken über die Einrichtung des Lehrstuhls gemacht und gleichzeitig dazu passende Partner aus der Wirtschaft im Hinterkopf gehabt. Normalerweise ist es nicht ausreichend, nur zwei Unternehmen anzusprechen (Deutsche Telekom und Mannesmann Mobilfunk GmbH), aber das persönliche Gespräch zwischen dem Kanzler der TU und dem Geschäftsführer der Mannesmann Mobilfunk GmbH machten ein schriftliches Akquisitionskonzept überflüssig.

- **Ansprechpartner**

In der Akquisitionsphase war der Vorsitzende der Geschäftsführung der Mannesmann Mobilfunk GmbH Ansprechpartner für den Kanzler der TU.

6.2.4.2 Rechtsfragen

Im Bereich der rechtlichen Gegebenheiten interessieren zum einen die Ausgestaltung der vertraglichen Vereinbarungen und zum anderen die steuerliche Behandlung der Zahlungen auf Seiten des Sponsors.

6.2.4.2.1 Sponsoring-Vertrag

Wie schon erwähnt sind die einleitenden Passagen aus dem bestehenden Vertrag zwischen TU Dresden und der Mannesmann Mobilfunk GmbH entnommen. Charakteristisch ist die detaillierte Aufführung von Leistung und Gegenleistung, die auch die qualitativen Rechte des Sponsors in Sachen Mitspracherechte betrifft. Neben den Vertragspartnern TU und Sponsor hat auch der Wissenschaftsminister den Vertrag unterzeichnet, der damit de facto sein Einverständnis gegeben hat.

Laut Auskunft der Justitiarin der TU Dresden, Frau Schmidt, hat es bisher keine Probleme in der Umsetzung der Vereinbarung gegeben. Der Sponsor hat in keiner Weise den Versuch unternommen seine Rechte auszuweiten. Falls dieses doch einmal vorkommen sollte, könnte dies ein Grund zum sofortigen Abbruch des Sponsorship sein.

6.2.4.2.2 Hochschulrecht

Die mit der Vereinnahmung privater Gelder vermeintlich einhergehende Kürzung öffentlicher Mittel wird gern als Argument genutzt, sich gar nicht erst auf Sponsoren-Suche zu begeben. Diese Sorgen sind jedoch gänzlich unbegründet. Auch das sächsische Hochschulgesetz setzt in diesem Punkt keine Beschränkungen, so daß nur die bekannten Regelungen zur späteren Übernahme der Stiftungsprofessur beachtet werden müssen. Dies ist aber kein sponsoringspezifisches Problem, und wird deshalb nicht weiter betrachtet.

6.2.4.2.3 Steuerfragen

Auf der Geberseite muß man sich immer die Frage stellen, ob das finanzielle Engagement als Spende oder als Betriebsausgabe anerkannt wird. Nur wenn durch die Sponsoring-Summe werbliche Effekte nachzuweisen sind, wird die Ausgabe als Betriebsausgabe für Werbezwecke anerkannt. Bei den klassischen Sponsoring- Formen, vor allem im Sport, hat sich diese Praxis durchgesetzt; im Bereich des Hochschul-Sponsoring ist diese Eingliederung nicht immer so klar.

Die Mannesmann Mobilfunk GmbH behandelt das Engagement allerdings als Betriebsausgabe, wenn auch unter Vorbehalt. Steuerrechtliche Gründe waren aber nicht entscheidend für das Engagement an der TU Dresden. Werbung betreibt man schließlich nicht aus steuerlichen Gründen, sondern zur Erreichung kommunikativer Zielsetzungen zum Wohle des Unternehmens.

Ob die Hochschulen eingenommene Sponsoring-Gelder versteuern müssen, ist noch nicht grundsätzlich geklärt. In Dresden fallen zumindest im Moment keine Steuern an.

6.2.4.3 Durchführung und Kontrolle

Bei einem langfristigen Engagement stehen Fragen der Durchführung nicht so im Mittelpunkt wie bei einem Veranstaltungs-Sponsoring, wo eben z. B. das Sponsoren-Logo am Veranstaltungstag zur rechten Zeit in der rechten Größe am rechten Platz sein muß. Hier zählt vielmehr der alltägliche Umgang zwischen Sponsor und Gesponsertem. Vor allem die Punkte Betreuung und kommunikative Nutzung sind da von Bedeutung.

Des Weiteren ist auch bei langfristigen Projekten die Erstellung eines Ablaufplans zu empfehlen.

6.2.4.3.1 Ablaufplan

Für einen reibungslosen Ablauf ist die Aufteilung des gesamten Projekts in Einzelprojekte und die Einbindung des Sponsors von wesentlicher Bedeutung. Es gibt hier mindestens drei Teilprojekte, nämlich das Sponsoring-Objekt selbst, die Pressearbeit und die Sponsoring-Kontrolle.

6.2.4.3.2 Pressearbeit

Schwerpunkt des kommunikativen Auftretens war bislang die Nutzung aller wissenschaftlichen Veranstaltungen der TU, der Fakultät und auch des Lehrstuhls selbst.
Beispielhafte Aktivitäten:
- Festlicher Errichtungsakt der Stiftungsprofessur an der TU Dresden am 5. Dezember 1994
- Fach-Pressekonferenz zusammen mit Mannesmann Mobilfunk GmbH am 4. Juli 1995
- Herausgabe der Broschüre „Stiftungslehrstuhl Mobile Nachrichtensysteme" u. a. auch mit einer Zusammenfassung bisheriger wissenschaftlicher Aktivitäten
- Interviews in Radio PSR, MDR, Deutschlandfunk etc.
- Artikel in der Frankfurter Allgemeinen Zeitung
- Caneletto (Kundenmagazin der Sparkasse Dresden)
- Forschungsbericht/Jahresbericht TU Dresden
- Mitarbeiter des Sponsors und der Förderer halten die Vorlesungen im Rahmen „Mobile Kommunikationssysteme II"

6.2.4.3.3 Werbliche Präsenz

Eine weitere werbliche Präsenz an der Hochschule über Informationsmaterialien, Fahnen, Wimpel etc. findet nicht statt und ist auch nicht geplant, da die Partner dieses für zu aufdringlich halten. Das Lehrstuhllogo findet sich allerdings auf allen Publikationen und Materialien, die nach außen gehen, wie z. B. Briefbögen oder auch Diplomarbeiten.

6.2.4.3.4 Betreuung des Sponsors

Die Betreuung des Sponsors erfolgt auf zwei Ebenen. Fachlich findet die Zusammenarbeit hauptsächlich zwischen dem Lehrstuhl und der Dresdner Mannesmann Mobilfunk Niederlassung statt. Alle sonstigen Aktivitäten, z. B. was die Öffentlichkeits- und Pressearbeit betrifft, werden in den jeweiligen Abteilungen des Sponsors und der Hochschule betreut, die nach Aussage von Herrn Lehmann, dem Dezernenten für Forschungsförderung und Öffentlichkeitsarbeit der TU, sehr kooperativ und flexibel zusammenarbeiten. Dies betrifft auch die Pressearbeit, die jeder Partner autonom durchführt, allerdings nicht ohne den jeweils anderen zu informieren.

6.2.4.3.5 Sponsoring-Kontrolle

Kontrolle versteht sich für beide Partner. Sponsor wie Gesponserter sollten am Ende des Engagements eine Erfolgskontrolle durchführen. Da dieses Projekt noch andauert, kann man allerdings noch keine abschließende Evaluation durchführen. Stattdessen findet eine ständige Kontrolle durch permanente Abstimmung zwischen den Partnern statt. Hierbei wird versucht, Unstimmigkeiten, Mißverständnisse o. ä. flexibel und schnell aus dem Weg zu räumen. Man kennt sich mittlerweile und weiß, worauf der andere Wert legt und an welchen Informationen er interessiert ist.

Das hat nach übereinstimmenden Angaben bisher sehr gut funktioniert, was beide Parteien nicht zuletzt darauf zurückführen, daß die Verwaltung der TU Dresden sehr weitgehende Befugnisse hat, die sie im Zweifelsfall nutzen kann, um schnell befriedigende Lösungen anzubieten, eine Eigenschaft, die vom Sponsor sehr geschätzt wird.

6.2.5 Ausblick

Beide Parteien sind selbstkritisch und ständig auf der Suche nach Optimierungspotentialen, die sich bei der Mannesmann Mobilfunk GmbH vor allem in der internen und externen Implementierung ergeben, d. h. dem Einsatz des Engagements für den Stiftungslehrstuhl Mobile Nachrichtensysteme für die Mitarbeitermotivation und Erhöhung der Identifikation mit dem Unternehmen.

Die TU will den eingeschlagenen Kurs fortsetzen und sich insgesamt weiter als praxisorientierte Hochschule verstehen, die eine Dienstleistung sowohl für die Studierenden als auch für die Wirtschaft erbringt. Die Sponsoren-Gelder bilden dabei zum einen die Finanzierungsgrundlage, zum anderen erfolgt über die Identifikation mit den Sponsor eine Profilschärfung, die gerade für eine Hochschule im Osten Deutschlands sehr wichtig ist.

Übereinstimmend wurde als wichtigstes Kriterium für eine erfolgreiche Zusammenarbeit der Faktor Flexibilität genannt. Die TU setzt dabei auf kleine Teams innerhalb der Verwaltung, die sehr schnell kompetente Entscheidungen treffen und auch durchsetzen können. Das Verhältnis vor allem zur Presse- und Öffentlichkeitsarbeit bei der Mannesmann Mobilfunk GmbH ist ein sehr gutes und trägt immer zur Lösung von Problemen bei. Gerade der intensive persönliche Kontakt ist unabdingbar für eine möglichst problemfreie Zusammenarbeit über einen längeren Zeitraum.

Die derzeitige Vereinbarung erstreckt sich noch bis in das Jahr 1997. Danach kann entweder die TU Dresden den Lehrstuhl eigenständig finanzieren oder es kann eine neue Vereinbarung mit dem Sponsor oder auch mit anderen Sponsoren abgeschlossen werden. Zum jetzigen Zeitpunkt kann darüber nur die Aussage getroffen werden, daß der Lehrstuhl sicher weiter bestehen wird.

6.3 Gambrinus-Fellowships: Verband der Dortmunder Bierbrauer an der Universität Dortmund

Die Dortmunder Gambrinus-Fellowships eröffnen die Möglichkeit, Gastprofessur an der Universität Dortmund für international anerkannte ausländische Wissenschaftler einzurichten. Die Gastprofessur wird nach den fachlichen Bedürfnissen besetzt. Die eingeladenen Wissenschaftler haben Aufgaben in Lehre und Forschung zu übernehmen sowie mindestens einen öffentlichen Vortrag zu halten und gegebenenfalls an einer öffentlichen Veranstaltung im Laufe ihres Aufenthalts mitzuwirken. Die Honorierung der Wissenschaftler orientiert sich an den Gehältern vergleichbarer beamteter Professoren. Ein Zeitrahmen für die Dauer des Aufenthalts ist nicht vorgegeben.

6.3.1 Ziele des Sponsors

Aus Anlaß des der Stadt vor 700 Jahren verliehenen Braurechts und in dem Bestreben, einen Beitrag zur Stärkung der Forschung, zur Gewinnung von hochqualifizierten Nachwuchswissenschaftlern sowie zur Förderung der Kooperation zwischen Wirtschaft und Wissenschaft zu leisten, unterstützt der Verband Dortmunder Bierbrauer die Universität Dortmund durch die Einrichtung der Gambrinus Fellowships.

Außerdem verfolgt der Verband eine Reihe von Kommunikationszielen, die aus den Leistungen des Gesponserten deutlich werden.

6.3.2 Leistungen des Sponsors

Die Dortmunder Brauereien, vertreten durch den Verband Dortmunder Bierbrauer, stellen der Universität Dortmund für einen Zeitraum von 5 Jahren insgesamt DM 300.000,– (DM 60.000 p.a.) zur Verfügung.

6.3.3 Leistungen des Gesponserten

Der Rektor der Universität Dortmund entscheidet auf Vorschlag eines Vergabeausschusses, der sich aus einem Vertreter der Brauereien, dem Rektor sowie einem hochangesehenen Wissenschaftler der Universität zusammensetzt, über die von den Fachbereichen eingereichten Vorschläge.

Die Universität hat für die Durchführung der öffentlichkeitswirksamen Veranstaltungen einen ganzen Katalog von Leistungen zu erbringen:
- Jeder Gastwissenschaftler wird in Vorlesungen, Seminaren, Kolloquien usw. als „Gambrinus Fellow" vorgestellt, d.h. es erfolgt ein ausdrücklicher Hinweis, daß sein Aufenthalt von den Dortmunder Brauereien gesponsert ist.
- Der von jedem Gastwissenschaftler zu haltende wissenschaftliche Vortrag aus seinem Forschungsschwerpunkt wird zusammen mit den Brauereien arrangiert. Je nach Thematik werden auch örtliche Institutionen (wie z.B. die IHK Dortmund) einbezogen.
  Die Universität lädt zusammen mit den Brauereien ein. Auf der Einladung findet sich beider Logo. Die Einladung enthält zudem eine Erläuterung des Sponsorship. Zusätzlich werden großformatige Hinweise auf die Veranstaltung unter Erwähnung des Sponsorship in den Fachbereichen und Instituten ausgehängt.
- Im Anschluß an die Veranstaltung wird dem Sponsor Gelegenheit gegeben, die Gäste mit seinen Getränken (vornehmlich frisch gezapftes Bier vom Faß) zu bewirten.
  Über die Pressearbeit wird das Sponsorship bekannt gemacht. Bereits im Vorfeld der Veranstaltung weisen kurze Pressemitteilungen auf den Vortrag hin. Nach dem Vortrag erfolgt ein ausführlicherer Bericht über die Veranstaltung. Stets erfolgt ein Hinweis auf den Sponsor und den eingeladenen Wissenschaftler sowie den ihn an der Universität betreuenden Professor, zum Teil mit Foto.

6.3.4 Durchführung des Sponsorship

Dank des Sponsorship konnten bislang mehrere renommierte ausländische Wissenschaftler aus unterschiedlichen Disziplinen für eine Gastprofessur an der Universität Dortmund geworben werden. Sie haben sich überwiegend mit Fragen aus dem Umfeld des Brauereiwesens beschäftigt:
- City Logistik – Zulieferung in Innenstadt-Fußgängerzonen
- Deutsche Brauwirtschaft unter dem Druck des Handels – Erfolgsstrategien für einen stagnierenden Markt

- Optimierungsmethoden zur Synthese chemischer Prozesse
- Strategie und Struktur amerikanischer Brauereien im Vergleich zum europäischen Markt

6.3.5 Rechtsfragen

Diese Ausführungen sind Gegenstand einer zwischen der Universität Dortmund und den Dortmunder Brauereien am 9. Februar 1994 geschlossenen Vereinbarung.

6.4 Praxiskontakstelle: KHB Beratungsgesellschaft an der Hochschule für Wirtschaft und Politik Hamburg (HWP)

Die HWP beschäftigt sich seit Anfang 1995 mit dem Hochschul- Sponsoring und ist eine der wenigen Hochschulen, die zumindest ein Leitbild für ihre Hochschule entworfen haben. Zunächst wurde auf theoretischer Basis das an der Hochschule vorhandene Know-how gebündelt. Die Ergebnisse zeigen, daß – ähnlich wie in Unternehmen – eine professionelle Betreuung innerhalb der Hochschule organisiert werden muß, die die Sponsor-Tätigkeiten vorbereitet und koordiniert. Hochschul-Sponsoring ist ein sensibles Feld und muß deshalb mit entsprechender Rücksicht vorbereitet werden. Einige Mitglieder der HWP befürchten z. B. die Aufgabe der Freiheit von Lehre und Forschung, einen Verlust der Unabhängigkeit der Wissenschaft und eine Konkurrenzsituation zwischen für Sponsoren attraktiven und unattraktiven Projekten.

6.4.1 Grundsatzüberlegungen zur Sponsoring-Strategie der HWP

Für die HWP ist es zunächst unumgänglich, sich kritisch mit dem Sponsor und dessen Geschäftsaktivitäten auseinanderzusetzen. Negative Imageverbindungen in der Öffentlichkeit und Reaktanzen innerhalb der Hochschule könnten sonst die Folge sein. Eine „schlechte Presse" nützt weder dem Sponsor noch dem Gesponserten. Daher soll ein Sponsoring-Konzept erarbeitet werden, welches auf die HWP zugeschnitten ist und Auswahlrichtlinien für Sponsoren enthält. So begegnet man den genannten Gefahren und gestaltet die Sponsoring-Aktivitäten für die Hochschulöffentlichkeit transparent.

Bislang wird im Hochschul-Sponsoring als Leistung der Hochschule hauptsächlich die Gewährung von Rechten zur kommunikativen Nutzung des Sponsorship angeboten. Darüber hinaus erscheint es der HWP für beide Seiten von Vorteil, zusätzliche Leistungen anzubieten, die einen kommunikativen Austausch zwischen Sponsoren und Hochschule ermöglichen bzw. verstärken. Die gesetzten Schwerpunkte sollen dabei sein:
- die Information der Sponsoren über aktuelle wissenschaftliche Erkenntnisse
- die Beratung durch Dozenten der Hochschule
- die Intensivierung der Zusammenarbeit von Dozenten, Studenten und Mitarbeitern der Hochschule mit den Sponsoren und deren Mitarbeitern

- und die Erstellung eines Netzwerkes, in dem sich Unternehmen und Studierende frühzeitig kennenlernen können.

Die HWP verspricht sich daraus eine stärkere Akzeptanz innerhalb der Hochschule und größeres Interesse der Sponsoren an der Institution HWP. Sponsoring wird also nicht nur mit dem Ziel der Finanzmittelbeschaffung gesehen. Vielmehr soll der Sponsor aktiv in die Hochschultätigkeiten mit einbezogen werden und somit sollen auch Praxiskontakte verstärkt werden. Dies ist auch im Hinblick auf die Arbeitsplatzorientierung der Studenten zu begrüßen.

6.4.2 Leistungen des Gesponserten

Der Sponsor darf in seinen Werbematerialien den Zusatz „Kooperation mit dem Kontaktstudiengang Sozial- und Gesundheitsmanagement (SGM) der Hochschule für Wirtschaft und Politik" verwenden. Zudem hat er natürlich einen begrenzten Zugriff auf die wissenschaftlichen Erkenntnisse des Lehrstuhls.

6.4.3 Ziele des Sponsors

Ein ehemaliger Student der HWP hat sich mit einer Krankenhausberatungsgesellschaft erfolgreich selbständig gemacht. Sein Interesse ist es, eine wissenschaftliche Grundlage seines Unternehmens zu demonstrieren und werbewirksam nach außen zu tragen. Die Zusammenarbeit findet im Bereich des Kontaktstudiengangs Sozial- und Gesundheitsmanagement (SGM) der HWP statt.

6.4.4 Leistungen des Sponsors

Im Gegenzug für den Zugriff auf wissenschaftliche Erkenntnisse des Lehrstuhls stellt die KHB Mitarbeiter ab, die einen Praxisbezug in die Lehrveranstaltungen des SGM-Studiengangs bringen.

An Finanzmitteln fließen der HWP in 3 Jahren DM 180.000,– zu. Die Summe teilt sich wie folgt auf:
Der Sponsor finanziert die Stelle eines wissenschaftlichen Mitarbeiters in Höhe von DM 50 000,– p.a. befristet auf 3 Jahre. Darüber hinaus soll eine Praxiskontaktstelle errichtet werden, die in Zukunft Sponsoring-Maßnahmen initiieren und koordinieren soll. Hierfür zahlt die KHB DM 10.000,– p.a. ebenfalls befristet auf 3 Jahre.

6.4.5 Praxiskontaktstelle

Die Praxiskontaktstelle ist derzeit mit studentischen Mitarbeitern besetzt, die in enger Zusammenarbeit mit der Referentin für Öffentlichkeitsarbeit an dem bereits erwähnten Sponsoring-Konzept und dem Ausbau dieser Stelle arbeiten. Es wird angestrebt, weitere Sponsoring-Gelder für den Ausbau der Stelle zu akquirieren. Die feste Einrichtung dieser Stelle birgt mannigfaltige Möglichkeiten, die Kontakte zwischen der HWP und der Wirtschaft für beide Seiten positiv zu nutzen. Außerdem hat der Sponsor einen konkreten Ansprechpartner, der intern für die Koordinierung der Projekte zuständig ist. Der Mangel an Koordination innerhalb der gesponserten Organisation wird nach Wahrnehmung der HWP oftmals von Sponsoren als Grund genannt, sich im Hochschul-Sponsoring zurückzuhalten.

Ein weiteres Ziel der Praxiskontaktstelle ist es auch, die Studierenden in ihre Aktivitäten mit einzubeziehen. Dies geschieht ganz konkret im Projekt „Profilbewerbungsdiskette". Die Diskette soll Arbeitgebern einen einfachen Zugang zu den Qualifikationsprofilen der Absolventen ermöglichen. Anhand vorgegebener Selektionskriterien wird die Diskette vollständige Bewerbungsprofile übersichtlich dargestellt enthalten. Zusätzlich existiert ein Textmenü, welches über die Studienstruktur, Abschlüsse, Besonderheiten und anderes mehr an der HWP informiert. Diese Diskette kann den Sponsoren als Leistung der HWP angeboten werden, um frühzeitig Nachwuchs rekrutieren zu können und natürlich auch Näheres über die gesponserte Institution zu erfahren.

Katagorie: Ausstattung

6.5 Stiftungsbibliothek: BDO Deutsche Warentreuhand an der Universität Rostock

Die BDO Deutsche Warentreuhand AG unterstützt den Lehrstuhl „Allgemeine Betriebswirtschaftslehre – Betriebswirtschaftliche Steuerlehre" an der Wirtschafts- und Sozialwissenschaftlichen Fakultät der Universität Rostock. Zu diesem Zweck wird die Gesellschaft dem Lehrstuhl für einen Zeitraum von 10 Jahren jährlich einen Betrag in Höhe von DM 40.000,– zur Ausstattung mit Zeitschriften und Büchern zur Verfügung stellen. Der Betrag wird seit 1995 jährlich zum 31. Januar auf ein von der Universität bestimmtes Konto überwiesen.

6.5.1 Ziele des Gesponserten

Mit dem Geld des Sponsors wird eine Aufgabe wahrgenommen, die eigentlich zu den originären Aufgaben öffentlicher Hochschulfinanzierung gehört – die Ausstattung der Bibliothek. In den letzten Jahren mußten auf Grund von Geldmangel aber immer wieder Zeitschriften abbestellt werden und neue Bücher konnten nicht angeschafft werden. Um diese Lücke zu schließen, ist eine Stiftungsbibliothek, wie hier beschrieben, geradezu ideal geeignet. Der Nutzen für den Gesponserten ist ein unmittelbarer, da die Qualität der Forschung und Lehre auch durch die Recherchemöglichkeiten in der Fachbibliothek mitbestimmt sind.

6.5.2 Leistung des Gesponserten

Die Universität wird die mit diesen Mitteln beschafften Bücher und Zeitschriften in einem gesondert abgegrenzten und allgemein zugänglichen Bereich der Fachbibliothek aufnehmen und diesen Bereich als „Stiftungsbibliothek der BDO Deutsche Warentreuhand AG" ausweisen.

6.5.3 Ziele des Sponsors

Die Verbesserung der Bibliotheksausstattung und damit die Verbesserung der Studienmöglichkeiten war denn auch ein Ziel des Sponsors, der natürlich daran interessiert ist, gut ausgebildeten Nachwuchs zu erhalten. Nach eigenen Angaben war das Bestreben der BDO Deutsche Warentreuhand, zum 75jährigen Bestehen „etwas Gutes zu tun", die Hauptmotiviation für das Engagement. Die kommunikative Nutzung spielte aber auch eine Rolle, wenn man vor allem bedenkt, daß ein Werbeverbot für Wirtschaftsprüfungsgesellschaften besteht, welches durch diese Mischform zwischen Sponsoring und Spende umgangen werden kann.

6.5.4 Zielgruppen des Sponsors

Mischformen zwischen Sponsoring und Spenden haben beim Hochschul-Sponsoring eine große Bedeutung und sind insgesamt sehr erfolgversprechend, da ein reiner Blick auf die Größe der erreichten Zielgruppe nur selten den Ausschlag zugunsten eines Sponsorship in diesem Bereich gibt. Die BDO Deutsche Warentreuhand sieht in der Förderung eines Lehrstuhls einer Hochschule eine gute Gelegenheit, gesellschaftliche Verantwortung zu übernehmen und unterstreicht dies mit der langjährigen Bindung.

Zudem paßt die Stiftungsbibliothek in ein Konzept des Sponsors, welches qualifizierte Nachwuchsführungskräfte auf die BDO Deutsche Warentreuhand aufmerksam machen soll. Vor diesem Hintergrund ist auch die Einrichtung eines Preises für herausragende Dissertationen und Diplomarbeiten zu sehen, der an Studenten der Hochschulen Hamburgs, wo die BDO ihren Hauptsitz hat, vergeben werden soll.

6.5.5   Leistung des Sponsors

Zu den Leistungen des Sponsors zählt neben der reinen Finanzleistung auch die Pressearbeit. So fand die Überreichung der Vereinbarung im Rahmen der jährlichen Hauptversammlung des Sponsors statt. Pressemitteilungen über die Stiftungsbibliothek in Verbindung mit dem Jubiläum rundeten die kommunikative Arbeit ab.

Die Wirtschafts- und Sozialwissenschaftliche Fakultät wird nach Besetzung des Lehrstuhls Allgemeine Betriebswirtschaftslehre – Betriebswirtschaftliche Steuerlehre das Lehrangebot der Wirtschaftsprüfung neu gestalten. Sofern für diesen Bereich ein Lehrauftrag erteilt wird, wird die Fakultät zunächst bei der BDO Deutsche Warentreuhand AG Nachfrage halten, ob einer deren leitenden Mitarbeiter mit entsprechender Fachkompetenz an der Wahrnehmung dieses Lehrauftrags Interesse hat. Eine eventuelle Übernahme erfolgt für die Universität dann kostenfrei und ist demzufolge auch der Sponsoren-Leistung zuzurechnen.

6.5.6   Auswahl der Partner

Die Verbindung zwischen Sponsor und Gesponsertem liegt zum einen im Produkt Wirtschaftsprüfung und zum anderen in der regionalen Gemeinsamkeit – der hanseatischen Tradition von Hamburg und Rostock. Die Deutsche Warentreuhand feierte letztes Jahr 75jähriges Jubiläum und wollte sich gerne engagieren. Zunächst war an eine Stiftung gedacht worden, dies erschien dann aber doch zu aufwendig. Über Prof. Hauschild in Kiel und Prof. Benkenstein in Rostock sowie dem Aufsichtsratsvorsitzenden der BDO Deutsche Warentreuhand AG, Dr. Otte, kam dann ein Kontakt zwischen der Universität und der BDO Deutsche Warentreuhand zustande. Innerhalb von zwei Gesprächen wurden die Ziele und Möglichkeiten der Partner abgesteckt und die Vereinbarung besiegelt.

6.5.7 Sponsoring-Kontrolle

Da es sich um ein laufendes Projekt handelt, kann man noch keine abschließende Projektbewertung vornehmen. Es wird in der laufenden Kontrolle darauf ankommen, daß der Kontakt zwischen den Partnern nicht nur in der jährlichen Überweisung des Geldes und dessen Annahme durch die Hochschule besteht. Man darf hoffen, daß durch die Übernahme weiterer Lehraufträge durch BDO Mitarbeiter ein Kontakt zum Lehrstuhl bestehen bleibt. Durch die Übernahme geeigneter Absolventen als Nachwuchsführungskräfte besteht ebenfalls die Möglichkeit zur Intensivierung eines Kontakts zwischen Universität und Sponsor.

6.6 Spritzgießmaschine: Mannesmann Demag Kunstofftechnik an der Universität-GH Essen

Wir haben gesehen, daß ein Sponsoring immer in eine übergeordnete Kommunikationsstrategie des Sponsors eingebunden ist. Meist wird die Integration durch die Presse- und Öffentlichkeitsarbeit geleistet. Für bestimmte Bereiche, wie z. B. erklärungsbedürftige Investitionsgüter, kommen auch Elemente der Verkaufsförderung zum Einsatz. Zur Illustration haben wir ein Beispiel an der U-GH Essen gewählt, welches die gelungene Integration in die Kommunikation des Sponsors mit einer deutlichen Verbesserung der Lehrqualität am Institut für Konstruktionslehre und Kunststoffmaschinen von Prof. Dr.-Ing. J. Wortberg verbindet.

6.6.1 Leistung des Sponsors

Die Mannesmann Demag Kunststofftechnik lieferte eine Spritzgießmaschine an das Institut. Diese Sachleistung erfolgte zu äußerst günstigen Konditionen. Im Paket der Lieferung waren auch kostenlose Schulungskurse für die Mitarbeiter des Instituts enthalten. Daneben finanzierte der Sponsor ein dreitägiges gemeinsames Fachsymposium mit dem Titel „Qualitätssicherung und Trends beim Spritzgießen", welches mit einer Ausstellung im Technikum des Instituts für Konstruktionslehre und Kunststoffmaschinen (KKM) stattfand.

6.6.2 Leistung des Gesponserten

Das Institut stellt die Maschine zu Kundenvorführungen unter Betriebsbedingungen zur Verfügung. Man kann hier von einer verkaufsfördernden Veranstaltung sprechen, die durch die Nutzung von universitätseigenen Räumlichkeiten unterstützt wird.

In die laufende Produktion von Spritzgießmaschinen fließen die Forschungsergebnisse des Instituts an der zur Verfügung gestellten Maschine ein. Darüber hinaus werden dem Sponsor allgemeine Forschungsergebnisse, die dieser zur Weiterentwicklung der Maschine einsetzt.

6.6.3 Kommunikative Nutzung

Sponsoring ist gekennzeichnet durch die kommunikative Nutzung des Engagements, die hier von Sponsor und Gesponsertem gemeinsam wahrgenommen wird. Vor allem die Produktvorführung und Besichtigung der Maschine für Kunden im Kreis der Gebietsvertretung und die Möglichkeit zum Kundenversuch an der Maschine sind verkaufsfördernde Elemente, die dieses Engagement von der reinen Auftragsforschung abheben.

Eine Messebeteiligung des Instituts am Stand der Mannesmann Demag Kunststofftechnik auf der Kunststoffmesse Düsseldorf sowie diverse gemeinsame Berichte in der Fachpresse runden die Aktivitäten zur kommunikativen Nutzung ab.

6.6.4 Gründe der erfolgreichen Zusammenarbeit

Anlagenbauer haben einen kleinen potentiellen Kundenkreis, der individuell angesprochen werden muß. Wenige Einkäufer in den Unternehmen befinden über große Umsatzvolumina der Hersteller. Oftmals ist der persönliche Kontakt zwischen Lieferant und Kunde am Ende ausschlaggebend für die Kaufentscheidung. Es liegt also im Interesse der Anlagenbauer, möglichst frühzeitig zu den potentiellen Kunden in Kontakt zu treten.

Diese Chance hat die Mannesmann Demag in zweifacher Hinsicht genutzt. Zum ersten erreicht sie über die Maschine angehende Ingenieure, die in naher Zukunft selbst über die Anschaffung solcher Maschinen mitentscheiden und zum zweiten bietet sich für die Kunden der Region die Möglichkeit, das Produkt in Aktion zu erleben, was naturgemäß einen stärkeren Eindruck hinterläßt, als der ausführlichste Firmenprospekt.

Durch die Zusammenarbeit mit der Universität erfährt der Sponsor einen Imagegewinn. Er kann Engagement in der Forschung und im Technologietransfer zum Wohle des Kunden demonstrieren. Für die Universität ergibt sich eine kostengünstige Möglichkeit, „Ausbildungsmaterial" zu beschaffen und zudem die Studierenden in Kontakt mit einem relevanten potentiellen Arbeitgeber zu bringen.

Es bestätigt sich, daß gerade Investitionsgüterhersteller das Instrument des Hochschul-Sponsoring sehr gezielt und frei von Streuverlusten einzusetzen in der Lage sind. Wichtige Voraussetzung ist hier allerdings der fachliche Bezug zwischen Zielgruppe und Sponsoring-Objekt, da sich nur so die ganze Palette der Nutzungsmöglichkeiten erschließen läßt.

6.7 Stiftungsbibliothek: Konsumgüterhersteller an einer Hochschule

Das einzig nicht realisierte, aber gut dokumentierte Sponsorship haben wir auf Wunsch der beteiligten Partner anonymisiert, da eine negative Auswirkung auf die jeweiligen Images befürchtet wurde.

6.7.1 Grundsatzüberlegungen zur Sponsoring-Strategie der Hochschule

Aus Sicht der Hochschule ist das Sponsoring durch Unternehmen ein zunehmend interessantes Instrument der Forschungsförderung und man ist der Meinung, daß damit ein Weg kooperierender Partnerschaft zwischen Wirtschaft und Wissenschaft eingeschlagen werden kann.

Allerdings ist von Seiten der Hochschule auf einige wichtige Bedingungen zu achten. Aus dem klassischen Selbstverständnis einer universalen Bildungsanstalt heraus betrachtet, liegt die Annäherung an bzw. Identifizierung mit Marketingstrategien und Kommunikationsformen einzelner Produkte oder Unternehmen in ihrer ganzen politischen und wirtschaftlichen Breite dem Wesen einer Hochschule fern. Einen Weg zu beschreiten, der diese Gegensätze integriert, kann nicht ganz einfach sein und mag sicherlich manchesmal einer Gratwanderung zwischen Vermarktung und Wissenschaftlichkeit gleichen. Das Risiko, in den sich teilweise schnell wandelnden Werbe- und PR-Markt eingebunden zu sein, ist für die nachhaltig und unabhängig zu betreibende Wissenschaft groß.

An der Hochschule gibt es neben dem gut dokumentierten, aber nicht realisierten Projekt, das wir in den Mittelpunkt dieser Betrachtungen stellen, vor allen Dingen Projekte, die vormals über „normale" Spenden finanziert wurden. Es zeichnet sich nämlich die Tendenz ab, daß stiftende, spendende oder Aufträge erteilende Unternehmen zunehmend kooperative kommunikative Nutzung wünschen, die über die bloße „Geldübergabe" hinausgeht.

6.7.2 Verbuchung eingeworbener Mittel

Mit der Einführung des Globalhaushalts an der Hochschule ist es möglich geworden, Defizite eines Haushaltstitels durch die Mittel eines anderen Titels auszugleichen. Die Ausgabereste – auch die aus Einnahmen erzielten – sind jetzt nicht mehr an das Finanzministerium abzuführen, sondern verbleiben in der Hochschule.

Eingenommene Mittel können in den Hochschulhaushalt integriert werden und finden dort unter Einhaltung der Bewirtschaftungskonditionen ihre Verwendung. So kann z. B. ein Mitarbeiter zwar eingestellt und von eingeworbenen Mitteln bezahlt werden, seine Vergütung richtet sich jedoch nach dem BAT.

Umsätze aus Sponsoring-Projekten unterliegen nach herrschender Meinung nicht der Umsatzsteuerpflicht. Dies wird zur Zeit noch juristisch geklärt. Bis zur endgültigen Klärung enthalten die Vereinbarungen der Hochschule eine Zusatzklausel, die auf die nicht ganz geklärte Situation hinweist. Mit dem Sponsoring erwirtschaftete Mittel werden haushaltstechnisch im übrigen wie Drittmittel behandelt.

6.7.3 Organisatorische Regelungen

Prinzipiell können die Professoren ihre Sponsoring-Vorhaben eigenständig initiieren und durchführen, sie sind jedoch dem Rektorat anzuzeigen. Die für den Forschungtransfer zuständige Stelle könnte aufgrund ihrer Kenntnis über die Potentiale der Hochschule und vorhandener Kontakte zu verschiedenen Unternehmen eine koordinierende und unterstützende Funktion bei der Sponsoren-Suche übernehmen. Dies geschieht jedoch bisher mangels Nachfrage noch nicht.

Auf die Dienste einer Sponsoring-Agentur hat man an der Hochschule bewußt noch nicht zurückgegriffen, da man keiner Agentur das notwendige Know-how über die spezifischen Bedingungen deutscher Hochschulen zutraut.

Im zu beschreibenden Sponsoring-Vorhaben zeigt sich, daß ein Hochschul-Sponsoring in Deutschland noch mit sehr vielen Problemen zu kämpfen hat, die oftmals aus der ungleichen Denkweise der Partner resultieren. Um Mißverständnissen vorzubeugen, muß erwähnt werden, daß dies zwar das einzige von uns recherchierte gescheiterte Projekt ist, wir gehen aber davon aus, daß es sicherlich auch noch an anderen Hochschulen geplatzte Vorhaben gibt, die nicht so umfassend dokumentiert wurden.

Bei einem nicht realisierten Projekt gibt es immer zwei Sichtweisen über die Gründe, die letztendlich dazu geführt haben. Wir bemühen uns hier um eine chronologische Darstellung. Das erste Angebot machte das Unternehmen auf Anregung aus der Hochschule. Nachdem dieses Angebot keine Gegenliebe fand, ersann die Hochschule ein eigenes Gegenangebot, welches aber nicht die gewünschte Resonanz aufseiten des Sponsors hatte.

6.7.4 Angebot des Sponsors

Ein Mitarbeiter der Hochschule hatte eigenmächtig einen Kontakt zu dem Unternehmen mit Verwaltungssitz in der Hochschulstadt aufgebaut. Die Idee zur Zusammenarbeit bestand darin, einen in Errichtung befindlichen Lehrstuhl durch einen Bibliotheksschwerpunkt zu unterstützen. Der Lehrstuhl selbst sollte im Rahmen einer Stiftungsprofessur finanziert werden, der Ankauf der nötigen Literatur und sonstiger Materialien durch einen Sponsor gesichert werden.

Im Bestand der Hochschule befanden sich bereits 30.000 (!) Bände zum Thema. Weitere Bände hätte man aus anderen Bibliotheken beschaffen und somit den größten zusammenhängenden Schwerpunkt zu diesem Thema schaffen können. Aufgrund der Einzigartigkeit der Sammlung und einer geplanten Zusammenarbeit mit einem Museum im Rahmen von Workshops, Seminaren, Vorträgen etc. hätte auch die breitere Öffentlichkeit von dem Schwerpunkt an der Hochschule und dem damit verbundenen Engagement des Unternehmens erfahren und profitieren können.

Da der Sponsor zum damaligen Zeitpunkt auf der Suche nach einem interessanten Pilotprojekt in der Zusammenarbeit mit einer Hochschule war, machte man der Hochschule ein entsprechendes Angebot. Trotz der günstigen Eingangsvoraussetzungen
*   Einzigartigkeit des Projekts
*   Regionaler Bezug
*   Persönlicher Kontakt zwischen Hochschule und Sponsor
konnte im Endeffekt jedoch keine Einigung über ein Sponsorship erzielt werden.

6.7.4.1 Ziele des Sponsors

Für einen Konsumgüterhersteller bietet sich ein Engagement an der Hochschule in der Stadt des eigenen Verwaltungssitzes aus mehreren Gründen an. Anknüpfungspunkte sind dabei der regionale Bezug und die Plattform der Hochschule selbst.

Hochschulzielgruppen (Studenten, Professoren, wissenschaftliche Mitarbeiter) gelten als Meinungsbildner von heute und bezüglich der Studenten vor allem auch von morgen. Diese Gruppen in ihrem Umfeld adäquat anzusprechen wäre für den Sponsor im Hinblick auf „Image" und „Bekanntheitsgrad" sehr interessant gewesen.

Für den Sponsor hätte es sich um ein Pilotprojekt gehandelt. Pilotprojekte erfordern oftmals eine intensive Abstimmung zwischen den Partnern. Erhöhter Koordinierungsbedarf läßt sich am besten bewältigen, wenn sich die Partner am selben Ort befinden. Dies sprach eindeutig für ein Engagement an einer nahegelegenen Hochschule.

6.7.4.2 Leistung des Sponsors

Der Sponsor wollte für den Auf- und Ausbau eines Bibliotheksschwerpunktes zur Historie der Fotografie eine Anschubfinanzierung über 5 Jahre mit jeweils DM 50.000,– p. a. leisten. Die Gelder sollten zweckgebunden sein und zum Ankauf von Literatur und historischen Quellen verwendet werden. Die Gesamtsumme von DM 250.000,– für das Engagement hätte im Budget der Presse- und Öffentlichkeitsarbeit bereit gestanden.

Des Weiteren sollten Leistungen für die Durchführung und Organisation von Veranstaltungen und anderen kommunikativen Aktivitäten erbracht werden, die sich nach einer gemeinsamen verbindlichen Jahresplanung zu richten gehabt hätten.

6.7.4.3 Leistung des Gesponserten

Die Leistungen, die der Gesponserte hätte erbringen sollen, müssen einer genaueren Analyse unterzogen werden. Wie schon mehrfach erwähnt, haben viele Unternehmen und auch Hochschulen große Schwierigkeiten mit der Abgrenzung von Sponsorship, Spende, Stiftung oder Auftragsforschung. Genau diese Begriffsverwirrung tritt auch in diesem Angebot auf. Obwohl man sich aufseiten des Sponsors klar war, daß man eine intensive kommunikative Nutzung anstrebte (die den Begriff Sponsoring bekanntlich rechtfertigt), tauchten im Vertragsentwurf auch die Begriffe „Stiftung" und „Forschungsförderung" auf, die bei der Hochschule für Verwirrung sorgten.

Im einzelnen handelt es sich um folgende Bestimmungen:

- Das Unternehmen wollte als alleiniger Sponsor auftreten, was bei der Sponsoring-Summe legitim erscheint. Jedoch löste die begrifflich unsaubere Vertragsformulierung „kein weiterer Sponsoren-Vertrag über die Förderung von Forschungsvorhaben im Bereich der . . ." aufseiten der Hochschule die Befürchtung aus, daß ihnen der Bereich der Auftragsforschung verboten werden solle.

- Nach dem Auslaufen der Anschubfinanzierung sollte dann die Hochschule den Sammelschwerpunkt fortführen, bzw. sich um eine Aufnahme in den Sondersammelgebietsplan der DFG bemühen.

- Mit dem Sponsoring-Geld erworbene Literatur sollte mit einem „Stiftungsvermerk" versehen werden. Gemeint war wohl eher ein Hinweis auf den Sponsor.

- Der Sponsor forderte einen halbjährlichen Bericht über die Aktivitäten im Bereich des „Forschungsprojektes". Eine Anschubfinanzierung für eine Bibliotheksausstattung ist noch kein Forschungsprojekt und von daher ist die Formulierung wieder unglücklich gewählt. Der Sponsor kann sicherlich eine gewisse Rechenschaft über die Verwendung seiner Gelder verlangen. Wer allerdings wie hier den Eindruck erweckt, Einfluß auf „Forschungsprojekte" nehmen zu wollen, muß mit dem Mißtrauen der Hochschule rechnen.

- Land und Hochschule sollten sich zur Mitwirkung an der kommunikativen Nutzung verpflichten. Dazu sollte die Hochschule die Vorbereitung und Einladung zu den Veranstaltungen übernehmen sowie geeignete Räume zur Verfügung stellen. Auch das Land und/oder die Hochschule sollten an den Presseaktivitäten entsprechend des vereinbarten Jahresplans teilnehmen.
  Normalerweise sind die Kosten für die kommunikative Nutzung vom Sponsor zu tragen. Hier hatte die Hochschule allerdings den Eindruck, daß vor allen Dingen ihre personellen, aber auch finanzielle Ressourcen nicht ausreichten um die, im übrigen nicht näher spezifizierten, Veranstaltungen durchzuführen.

6.7.4.4 Gemeinsame Leistung

Als gemeinsame Aufgabe sah der Sponsor den Erwerb der Literatur und natürlich die Abstimmung der kommunikativen Jahresplanung. Zu diesem Zweck sollte eine Arbeitsgruppe gebildet werden, welcher Vertreter der Abteilung für Öffentlichkeitsarbeit des Sponsors, zwei Professoren aus dem Fachgebiet Fotografie und ein Bibliotheksvertreter angehören sollten.

6.7.4.5 Kommunikative Nutzung

Vom Sponsor waren mehrere Aktionen zur kommunikativen Verwertung geplant. Zum einen wollte er als Titelsponsor des Bibliotheksteils auftreten und diesen Titel in vollem Umfang nutzen, d. h. die Verbreitung des Titels in der Literatur, bei Veranstaltungen, bei der Pressearbeit, in Ausstellungen und bei sonstigen passenden PR Aktivitäten. Geplant war zudem die Entwicklung eines speziellen Logos, welches von beiden Seiten zur kommunikativen Nutzung einzusetzen gewesen wäre.

Als Unternehmen achtet man natürlich auf seine Außenwirkung über die Penetration des Markenlogos. Zu diesem Zweck sollte bei Aktivitäten des Gesponserten und des Sponsors im Umfeld des Auf- und Ausbaus des Bibliothekssammelschwerpunktes eine umfassende Werbung des Sponsors möglich gemacht werden.

Konkret hieße das:
- Werbung auf/mit anderen Druckerzeugnissen wie Briefbögen, Visitenkarten, Werbeaufkleber, Bücherverzeichnis, Karteikarten, Bibliotheksausschilderung, Lesezeichen, Aufkleber an Büromaterialien, Dokumentationen oder Publikationen, Videos und Filme
- Sonder-Werbeformen in der Bibliothek sowie im zugehörigen Fachbereich
- Öffentlichkeitsarbeit/Pressearbeit bei Veranstaltungen sowie in/an Druckerzeugnissen
- Öffentlichkeitsarbeit und Information in hochschuleigenen Medien sowie über die Pressestelle
- Öffentlichkeitsarbeit/Pressearbeit und Werbung anläßlich besonderer Veranstaltungen und Hospitality-Anlässe

Der leisen Abneigung der Hochschule gegen die Einmischung in hochschuleigene Vorgänge folgte nun noch die Angst, vor lauter Werbeaufklebern die eigene Identität zu verlieren.

6.7.4.6 Vertragsverhandlungen

Nach der Kontaktanbahnung durch den erwähnten Mitarbeiter hat man in insgesamt drei Gesprächen versucht, eine Übereinkunft zu finden. Zahlreiche Probleme hätten dabei gelöst werden sollen.

- Auf fachlicher Seite bestand das Problem, daß die Stiftungsprofessur lange Zeit nicht besetzt war, d. h. das Sponsoring-Objekt zur Disposition stand.
- Der Verwaltungsweg in der Hochschule war nicht eingehalten worden. Wichtige Personen waren zu spät informiert worden. Zu allem Überfluß konnte die direkte Kontaktperson zwischen Hochschule und Unternehmen am ersten Gespräch nicht teilnehmen. Insgesamt herrschte während der Vertragsverhandlungen eine „zugeknöpfte Atmosphäre".
- Die Hochschule fürchtete die Einmischung eines kommerziellen Sponsors, da sie einen Interessenkonflikt zwischen einer das Projekt ebenfalls fördernden Stiftung, dem Wissenschaftsministerium, der Hochschule und dem Sponsor vorhersah.

Wie wir in anderen Beispielen (z. B. Mannesmann Mobilfunk an der TU Dresden) sehen konnten, spielten weitere Partner in der Finanzierung keine entscheidende Rolle bei der Realisierung von Sponsoring-Projekten, weder im positiven Sinne noch wie hier im negativen Sinne einer Verhinderung von Engagements des Sponsors.

6.7.4.7 Ablehnungsgründe der Hochschule

Die schon angedeutete Abneigung gegen das Sponsorship manifestiert sich in folgender Liste, in der die Hochschule selbst ihre Gründe für die Ablehnung klarlegt.
- Eingriff in die Selbstbestimmung der Hochschule und Einflußnahme auf die Freiheit in Forschung, Lehre und Studium nach § 4 Universitätsgesetz (fachliches Mitentscheidungsverlangen des Sponsors)
- Entstehende Folgekosten sowie laufende Zusatzkosten (Ausrichtung von Veranstaltungen) für die Hochschule
- Zu große Unkenntnis der Firma über die Rechts- und Organisationsform einer Hochschule
- Fachliche Inkompetenz und Unkenntnis des allgemeinen Forschungsförderungsbereiches (insbesondere im Zusammenhang mit dem Mitentscheidungsverlangen und dem Anbindungsbemühen an die DFG zu sehen)
- Unsensible Vorgehensweise und Gesprächsführung. Nichtachtung der Kompetenzstruktur der Hochschule
- Unvereinbarkeit der anvisierten kommunikativen Nutzung mit den Interessen einer großen Stiftung, die eine Professur sowie Stipendien in dem zur Diskussion stehenden Fachgebiet einzurichten im Begriff war.

Damit waren die Standpunkte zunächst geklärt. Die Verwaltung der Hochschule erarbeitete im Anschluß ein alternatives Angebot, welches im Folgenden dargestellt wird.

6.7.5 Gegenangebot der Hochschule

Die Unterschiede zum Entwurf des Unternehmens liegen vor allem auf dem Gebiet der kommunikativen Nutzung und in der Umbenennung des Sponsors zum Stifter. Gleichwohl geht auch das Angebot der Hochschule über das im Rahmen einer Spende übliche Ausmaß an kommunikativer Nutzung hinaus.

6.7.5.1 Leistung des Stifters

Für den Auf- und Ausbau des oben genannten Schwerpunkts sollte der Stifter DM 50.000,– p.a. für einen Zeitraum von zunächst 5 Jahren zahlen. Die Vereinbarung hätte sich danach jeweils um ein Jahr verlängert, aber auch jederzeit gekündigt werden können.

6.7.5.2 Leistung der Hochschule

Folgende Leistungen bot die Hochschule in ihrem Vertragsentwurf an: Die Mittel wären für die zweckgebundene Anschaffung zusätzlicher Fachliteratur am Lehrstuhl verwendet worden. An geeigneter Stelle hätte man die erworbene Literatur mit einem Hinweis auf den Stifter ausgestattet und bei entsprechender Präsentation der Neuerwerbungen in der Presse die Förderung durch den Stifter erwähnt. Zusätzlich hätte der Stifter einen jährlichen Verwendungsnachweis seiner Mittel erhalten.

6.7.5.3 Kommunikative Nutzung

Dem Stifter sollte die Möglichkeit eingeräumt werden, in Abstimmung mit der Hochschule in eigenen Publikationen auf seine Leistung an der Hochschule zu verweisen. Auch die Berechtigung, den Titel „Sponsor der Bibliothek der Hochschule" zu nutzen, schloß das Angebot der Hochschule mit ein. Auf dem Gelände der Hochschule könnte dem Sponsor nach Absprache bevorzugt Gelegenheit gegeben werden, für seine Produkte zu werben. Dies könnten erstens ein Hinweis auf den Stifter in angemessener Form im Bereich der Hochschulbibliothek und zweitens eine werbende Präsentation bei Veranstaltungen der Hochschulbibliothek mit dem Lehrstuhl sein.

6.7.5.4 Ablehnungsgründe des Unternehmens

Es verwundert nicht weiter, daß das Unternehmen seine Interessen im Vertragsentwurf der Hochschule nicht entsprechend gewürdigt sah und unter diesen Bedingungen nicht akzeptieren wollte. Vor allem die Beschneidung der Möglichkeiten in der kommunikativen Nutzung spielte hier eine entscheidende Rolle.

Zwar wurde zu einem späteren Zeitpunkt von Seiten der Hochschule nochmals das Interesse an einem Sponsoring wiederholt, aber die weit auseinanderliegenden Vorstellungen des Unternehmens und der Hochschule konnten nicht auf einen gemeinsamen Nenner gebracht werden.

Erschwerend kam dann hinzu, daß der Verwaltungssitz des Unternehmens verlegt wird und damit der regionale Bezug wegfällt.

6.7.6 Fazit

Die Gründe des Scheiterns sind hinlänglich erörtert worden und ermöglichen unseres Erachtens nach einen sehr guten Einblick in das Hauptproblem beim Hochschul-Sponsoring. Sponsernde Unternehmen sprechen nicht die gleiche Sprache wie potentielle Gesponserte. Da es sich hierbei aber um ein Grundproblem des Sponsoring handelt, kann man auf andere Sponsoring-Bereiche ausweichen, wenn man nach Lösungen sucht.

Im Sport und in der Kultur sind Veranstaltungen heute ohne Sponsoren gar nicht mehr denkbar. Diese Entwicklung hat sich in den letzten Jahren verschärft. Bei den Olympischen Spielen in Atlanta konnte man den Eindruck gewinnen, daß Sponsoren auf den Terminplan und damit auf Inhalte Einfluß nehmen. Einhelliges Urteil: Der Bogen ist überspannt, man darf sich für die Sponsoren nicht verbiegen.

Im Hochschul-Sponsoring sind wir von solchen Zuständen noch weit entfernt, aber leider denken viele Hochschulen bei dem Begriff Sponsoring an die Negativbeispiele aus anderen Bereichen und verfallen in eine Abwehrhaltung, wenn sie mit dem Begriff konfrontiert werden. So geschehen auch hier, als die Forderungen des Sponsors Höhen erreichten, die aus dem Spendenwesen nicht bekannt waren.

Mitarbeiter der Hochschule hatten eigenständig den Kontakt zu dem Unternehmen hergestellt. Beim Weg durch die Instanzen der Hochschulverwaltung stellte diese dann fest, daß sie sehr spät informiert worden war. Daß die Transparenz der Hochschule diesbezüglich sehr zu wünschen übrig läßt, blieb dabei seitens der Hochschule unbeachtet.

Aus dieser Ablehnung heraus wurden begriffliche Unstimmigkeiten im Vertragsvorschlag des Sponsors als Inkompetenz und als Nichtbeachtung der Hochschulstrukturen gedeutet.

Aber auch der potentielle Sponsor muß sich Kritik gefallen lassen, denn das Sponsoring einer staatlichen Hochschule unterscheidet sich nun einmal von anderen Sponsoring-Vorhaben. Man muß wissen, daß man mit solch einem Engagement innerhalb der Hochschulen nicht nur auf offene Türen trifft. Der Wissensstand über Sponsoring ist in den meisten Fällen doch recht gering.

Ein weiterer, entscheidender Fehler bestand in der vermutlich gar nicht als fachliche Einmischung gedachten Forderung des Mitspracherechts in Forschungsfragen (siehe Besetzung der Arbeitsgruppe). Dies geht über vereinbarte Gegenleistungen im Rahmen eines Sponsoring hinaus.

Kategorie: Veranstaltungen

6.8 Projekt Zukunft: mehrere Sponsoren an der TU Braunschweig

Veranstaltungen sind eine bei Sponsoren beliebte Plattform. Der veranstaltungseigene Charakter der Einzigartigkeit bewirkt ein erwünschtes öffentliches Interesse und ein entsprechendes Medienecho. Im wissenschaftlichen Bereich kann auch die Relevanz der Themen für die Region oder für bestimmte Branchen eine positive Rolle spielen. Gerade in anwendungsbezogenen wissenschaftlichen Disziplinen wie z. B. der Medizin werden deshalb die Veranstaltungen als Sponsoring-Plattform und auch als verkaufsfördernde Maßnahme benutzt.

1995 feierte die Technische Universität Carolo-Wilhelmina zu Braunschweig ihr 250-jähriges Bestehen. Dies war Anlaß genug, ein breit gefächertes Veranstaltungsprogramm zu initiieren, welches über eine „einfache" Jubiläumsveranstaltung weit hinaus ging.[171] Das Jubiläum mit Hilfe von Sponsoren und Spendern präsentieren zu können, bedurfte einer intensiven und auch langwierigen Vorarbeit, wie im Folgenden deutlich wird.

6.8.1 Organisatorische Regelungen

Eine Universität ist keine Veranstaltungsagentur. Die Vorbereitungen zu den 250-Jahr-Feierlichkeiten machten daher eine Reihe organisatorischer Regelungen nötig. Bereits 1985 initiierte TU-Präsident Prof. Dr. Bernd Rebe eine Arbeitsgruppe, die sich über die Erstellung einer Dokumentation zur Geschichte der TU Braunschweig Gedanken machte. 1989 wurde das Projekt erstmals dem Senat vorgestellt, der eine Jubiläumskommission als Steuerungsinstitution einsetzte. Zu ihr gehörten u.a. Herr Dr. Tantow als Leiter der Presse- und Öffentlichkeitsarbeit der TU, Herr Stegert als Assistent des Präsidenten, Vertreter der Technologietransferstelle, sowie weitere Professoren. Den Vorsitz hatte bis zum 5. Juli 1995, dem offiziellen Ende der Veranstaltungen, Prof. Schnieder vom Institut für Regelungs- und Automatisierungstechnik. Bis dahin liefen dort alle Fäden zusammen. Dies ging soweit, daß die einzelnen Mitglieder eine Art Patenschaft für die verschiedenen Veranstaltungen übernahmen.

Zur organisatorischen Abwicklung wurde Anfang 1994 ein Jubiläumsbüro eingerichtet, das zum einen der Pressestelle und zum anderen der Steuerungskommission zugeordnet war. Hier arbeitete eine Vollzeit-ABM mit mehreren studentischen Hilfskräften. Eine weitere ABM wurde für die optisch einheitliche Gestaltung der Vielzahl an Wegweisern, Schautafeln, Plakaten u. ä. eingesetzt. Laut Herrn Stegert hätte man zur reibungslosen Abwicklung aber gerne auch drei oder vier Vollzeitkräfte einsetzen können. Insgesamt bedeutete das Jubiläum einen sehr

---

[171] Da dieses Sponsoringprojekt außergewöhnlich gut dokumentiert ist, möchten wir auf die Sponsoring-Dokumentation „Erfolgreiche Kooperationen" und auf „Finanzierung des Jubiläums, Kombination neuer und bewährter Wege" von Stegert (1996) hinweisen, die uns als Quellen dienten.

hohen zusätzlichen Arbeitsaufwand, der nur mit den genannten Hilfskräften zu leisten war.

Wer also glaubt, der Aufbau und die Abwicklung einer sponsorwürdigen Veranstaltung an einer Universität könnte nebenbei bewältigt werden, dem soll dieses Beispiel als Warnung gelten.

6.8.2 Ziele des Gesponserten

Für die TU standen eindeutig die Beschaffungsziele im Vordergrund. Um eine dem Anlaß entsprechende Veranstaltung zu finanzieren, konnte man sich nicht nur auf Haushaltmittel verlassen. Die Erreichung von Kommunikations- und Lernzielen entwickelte sich im Laufe der Vorbereitungen bei der Größe der Veranstaltung (beinahe) von selbst.

Bei jedweder Veranstaltungsplanung ist der rechtzeitige Beginn der Vorbereitungen von entscheidender Bedeutung. Vorlaufzeiten von zwei oder drei Jahren sind da keine Seltenheit. Für die TU Braunschweig läßt sich der Beginn der Vorbereitungen auf den Herbst 1992 datieren, der somit den ersten Meilenstein in der Finanzplanung des Jubiläums markiert.

- **Herbst 1992**
Die Kostenprognosen der verschiedenen Jubiläumsveranstaltungen übersteigen den in Aussicht gestellten Landeszuschuß von DM 150.000,– bei weitem. Ein Jahr später fällt die Entscheidung zugunsten eines Sponsoring.

- **Herbst 1993**
Die mittlerweile eingerichtete Vorbereitungskommission steht vor zwei Alternativen:
1. „Zurechtstutzen" des Jubiläums auf Höhe des Landeszuschusses
2. Offensives Angreifen der Finanzprobleme, um dem Jubiläum einen gebührenden Rahmen zu geben.

Es folgten intensive Diskussionen, bis sich Präsident und Vorbereitungskommission mit Billigung des Senats für die zweite Alternative entschieden. Bedingung war, daß der Haushalt der TU nicht belastet wurde und Veranstaltungen nur dann durchzuführen waren, wenn die Finanzierung durch Dritte gesichert war. Als Hauptfinanzierungsquelle wurden Spenden favorisiert, wobei allerdings zu befürchten stand, daß die geforderten Summen nicht allein über Spenden aufzubringen sein würden. So wurde zum ersten Mal über Sponsoring im Zusammenhang mit den Veranstaltungen nachgedacht und es ergaben sich drei Finanzierungssäulen:
1. Staatliche Bezuschussung
2. Spenden, die der generellen Förderung des Jubiläums dienen
3. Sponsoring, d. h. Vermarktung definierter Einzelbestandteile des Jubiläums

Ein Problem beim Einsatz von Sponsoren ist, daß diejenigen, die ihr Engagement werblich nutzen (genau das tun Sponsoren !), eine größere Aufmerksamkeit erregen, als andere Finanziers. Die drei Finanzierungssäulen standen jedoch gleichberechtigt nebeneinander. Jede Säule für sich hätte die Aufgaben nicht eigenständig erfüllen können.

Sponsoring allein kann nicht die Lösung aller Finanzierungswünsche sein; im Rahmen der Hochschulen kann es aber im Zusammenspiel mit anderen Finanzierungsformen einen wesentlichen Beitrag leisten.

- **Winter 1993**
Die Akquisition von Sponsoren ist schwierig und zeitaufwendig, verschlingt mithin materielle und personelle Ressourcen. Zu diesem Zweck soll eine Sponsoring-Agentur verpflichtet werden. Aus sechs Bewerbern wird eine ausgewählt, die Sponsoren-Suche und die weitere Betreuung derselben zu übernehmen. Die vereinbarte Vergütungsregelung sieht ein Pauschalhonorar für vorbereitende Arbeiten und eine im übrigen erfolgsabhängige Provisionsregelung mit definierter Höchstgrenze vor.

Mittlerweile können die entstehenden Kosten aufgrund einer Detailplanung der Veranstaltungen besser prognostiziert werden und es ergibt sich ein Ausgabevolumen von insgesamt 1,7 Mio. DM. Dem stehen vorhandene oder fest zugesagte Gelder in Höhe von DM 630.000,– gegenüber. Bei gegebener Veranstaltungsgröße gilt es also ein Finanzierungsloch von über einer Million DM zu stopfen.

- **November 1994**
Zwei Monate vor Beginn des Jubiläumsjahres ist der sogenannte „Planungsendzeitpunkt" erreicht. Die Finanzierungslücke kann trotz intensivster Bemühungen nicht ganz geschlossen werden, so daß bei den Veranstaltungen der Rotstift angesetzt werden muß. Verschiedene Einzelveranstaltungen fallen nach festgelegten Prioritäten ganz aus der Unterstützung heraus, bei allen zugesagten Leistungen wird ein rigoroses Sparprogramm mit teilweise erheblichen Kürzungen notwendig.

Hier wird deutlich, daß man die Möglichkeiten eines Scheiterns in seine Überlegungen einbeziehen muß. Schon in der Planungsphase kann man die Veranstaltungen modular planen, so daß einzelne Module gestrichen werden können, ohne das Gesamtprojekt zu gefährden.

- **Juli 1995**
Bis zu diesem Zeitpunkt können aus Spenden, Haushaltmitteln und Sponsoring ca. 1,3 Mio. DM Finanzmittel als Einnahmen tatsächlich verbucht werden, Sachleistungen im Wert von ca. DM 50.000,– kommen hinzu.

Es muß nochmals darauf hingewiesen werden, daß der ursprüngliche Finanzplan Kosten in Höhe von DM 1,7 Mio. vorsah, eingesetzt werden konnten letztendlich aber nur DM 1,35 Mio. Die Differenz von DM 350.000,– konnte nur durch das rigorose Ansetzen des Rotstiftes ausgeglichen werden. Dies zeigt, daß es trotz des einzigartigen Anlasses und der sehr guten organisatorischen Umsetzung (Bildung einer fachübergreifenden Kommission, Know-how einer Sponsoring-Agentur, Nutzung persönlicher Kontakte Hochschulangehöriger) nicht gelungen ist, die gewünschte Summe in vollem Umfang zusammen zu bekommen.

- **Dezember 1995**
Abschluß der Veranstaltungen des Jubiläumsjahres und Erscheinen der Jubiläums-dokumentation.

6.8.3 Die Sponsoring-Agentur

Die TU hat sich aus verschiedenen Gründen für die Zusammenarbeit mit einer Agentur entschieden. Der wichtigste war sicherlich das vorhandene Know-how in der Sponsoren-Suche. Hinzu kamen die dafür eingesetzten Human-Ressourcen, die die Kapazitäten der TU gesprengt hätten. Des Weiteren diente die Agentur als externer Kostenträger, der die Leistungen der Sponsoren aufnehmen und an die Hochschule weitergeben konnte.

Generell wurde durch die Einbeziehung der Agentur eine weitere Bürokratie-Ebene geschaffen, da ja sämtliche Entscheidungen mit der Hochschule abgesprochen werden mußten, was einen erhöhten Koordinierungsbedarf mit sich brachte. Der Einsatz einer Agentur ist also nicht unkritisch, kann jedoch bei fehlendem Know-how über Sponsoring allgemein, und beschränkten Human-Ressourcen durchaus eine Alternative sein.

6.8.4 Leistungen des Gesponserten

Während des gesamten Jahres fanden insgesamt mehr als 110 Veranstaltungen, die wir als Sponsoring-Objekt verstehen wollen, unter dem Dach des „Projekts Zukunft" statt. Diese Veranstaltungen waren der Grund des Öffentlichkeits- und des Medieninteresses. Für den Besucher wirkt solch eine Vielzahl allerdings schnell verwirrend, so daß nicht alle Veranstaltungen die gewünschte Resonanz fanden.

Wir wollen einige besondere Veranstaltungen herausgreifen und kurz beschreiben, gleichzeitig die jeweiligen Sponsoren benennen und, wo möglich, kurz mit einem Stichwort auf die Motivation des Sponsors bzw. auf eine Verbindungslinie eingehen.

6.8.4.1 Die wissenschaftlichen Veranstaltungen

Am 24. April 1995 begann die Ringvorlesungsreihe mit sieben Vorträgen im Auditorium Maximum. Zum Leitthema „Wissenschaft – Wirtschaft – Gesellschaft" wurden hochkarätige Beiträge mit einem großen Publikum fachübergreifend diskutiert.

Die Ringvorlesungsreihe wurde präsentiert von der Bad Harzburger Mineralbrunnen GmbH (*erhoffte sich „schmückende" Wirkung durch die Wissenschaft*) und dem DIGITALService Beyrich (*langjähriger Lieferant der TU*) sowie gefördert von der Stiftung „NORD/LB-Öffentliche".

Vom 5.–13. Mai 1995 fand unter dem Motto „Forschung live" die „Woche der offenen Türen" statt. Rund 60 Institute, Seminare, Sonderforschungsbereiche und Forschungszentren boten der Braunschweiger Öffentlichkeit Einblick in ihre unterschiedlichen Bereiche.

Die Woche der offenen Türen wurde präsentiert von der Volkswagen AG (*Unternehmen der Region*) und der Media Markt TV HiFi Elektro GmbH (*öffentliches Interesse bei potentiellen Kunden*).

Vom 6. Mai bis Mitte November 1995 war die Ausstellung „250 Jahre Technische Universität Braunschweig" im Braunschweigischen Landesmuseum zu sehen. Diese historische Ausstellung zeichnete die Entwicklung der Universität, eingebettet in die Braunschweigische Landesentwicklung, bis in die Gegenwart nach.

Die Ausstellung wurde von der Braunschweig-Stiftung gefördert.

Vom 23. Mai bis zum 5. Juli 1995 fand die „Campus Ausstellung" statt. Ausstellungsstücke zum „Projekt Zukunft" aus den Bereichen Energie, Umwelt, Ökologie, Biologie, Produktion, Information, Kommunikation u. a. fanden großes Interesse.

Die „Campus Ausstellung" wurde präsentiert von der Volkswagen AG (*Unternehmen der Region*), der PreussenElektra AG (*Produkt Energie*) und vom DIGITALService Beyrich (*langjähriger Lieferant der TU*) sowie gefördert von der Stiftung „NORD/LB-Öffentliche".

Der unbestrittene Höhepunkt der gesamten Jubiläumsveranstaltungen war der Kongreß „Wissenschaft als Zukunftskultur" vom 7.–10. Juni 1995. Namhafte Referenten wie Henry Kissinger oder Neil Postman lockten täglich mehr als 600 Besucher an. Die viertägige Veranstaltung fand bundesweite Resonanz in der Presse. So erschien z. B. eine Beilage in „Bild der Wissenschaft", in der die Sponsoren zudem bevorzugt Anzeigenraum buchen konnten.

Der Kongreß wurde präsentiert von der Volkswagen AG (*Internationaler Charakter*), der Deutschen Bahn AG (*Beitrag zur Zukunftsgestaltung*) sowie der Norddeutschen Landesbank mit der Stiftung „NORD/LB-Öffentliche" (*Banken-Zukunft*).

Für diesen Kongreß überstieg die Nachfrage der Sponsoren nach Präsentationsmöglichkeiten das Angebot!

6.8.4.2 Die kulturellen Veranstaltungen

In den „Jubiläums Serenaden" am 24. und 25. Juni 1995 präsentierte das Kammerorchester Kölner Solisten die Uraufführung des „Johannis-Zauber". Der Komponist Dieter Salbert hatte dieses Werk eigens im Auftrag der Technischen Universität komponiert.

Gesellschaftlicher Höhepunkt der Woche vor dem abschließenden Festakt war der Festball in der Braunschweiger Stadthalle. Mit 1.000 Gästen feierte die Universität an diesem Tag ihr Jubiläum.

Die Anwesenheit des Bundespräsidenten Roman Herzog und der Festvortrag von Altbundeskanzler Helmut Schmidt verliehen dem Festakt zum Abschluß des 250. Gründungsjubiläums der TU den nötigen Glanz. Rund 2.400 geladene Gäste aus Wissenschaft, Wirtschaft, Politik und Kultur wohnten diesem feierlichen Abschluß bei.

Alle Kultur- und Sportveranstaltungen wurden von der Niedersächsischen Lotto-Stiftung präsentiert. Der Festakt fand mit Unterstützung der Norddeutschen Landesbank mit der Stiftung NORD/LB-Öffentliche statt.

6.8.4.3 Die studentischen Veranstaltungen

Vom 2. bis 13. Mai fanden auf dem Forumsplatz die Tage der Studierenden unter dem Motto „Internationale Kulturwoche" mit Konzerten, Ausstellungen, Diskussionen u. a. statt. Die Woche endete mit einer ausverkauften Party in der Universitätsmensa.

Die Tage der Studierenden wurden unterstützt von der Brauerei Feldschlößchen (*Studenten sind Kunden*) und gefördert von der Niedersächsischen Lotto-Stiftung.

Die Sponsoren haben sich „ihre" Veranstaltung sehr sorgsam ausgesucht. Großes Medieninteresse und Prominente erhöhten die Chance, einen zahlungskräftigen Sponsor zu gewinnen. Wichtig ist aber immer die Erreichung der jeweiligen Zielgruppe.

6.8.4.4 Zielgruppen

Die TU hat sich rechtzeitig Gedanken zur Zielgruppenproblematik gemacht und eine mehrstufige Strategie entwickelt.

Aufgrund unterschiedlicher Einstellungen, Beziehungen, Kenntnisse und Erwartungen der Zielgruppen war eine differenzierte Ansprache notwendig. Folgende Zielgruppen sollten konzentriert angesprochen werden:
- Nationale Meinungsführer
- (Inter-)nationale Fachöffentlichkeit
- Nationale Öffentlichkeit
- Allgemeine Öffentlichkeit in der Region Braunschweig
- Hochschulinterne Zielgruppen

Für eine erfolgreiche Ansprache ging man mehrstufig dialogorientiert vor. Das Jubiläum stellte das verbindende Element dar, welches durch folgende Instrumente kommuniziert werden sollte:
1. Lokale und nationale Medien-Kooperationen
2. (Inter-)nationale Fachpressearbeit
3. Nationale Pressearbeit
4. Dialog-Kommunikation mit nationalen Meinungsführern aus Wissenschaft, Wirtschaft, Kultur, Öffentlicher Verwaltung, Verbänden und Medien
5. Regionale Event-Werbung

Durch die Verzahnung und dialogorientierte Nutzung der Instrumente konnte die Effizienz der Ansprache erhöht werden.

6.8.4.5 Kommunikative Unterstützung

Die eigens kreierte Marke „250 Jahre TU Braunschweig – Projekt Zukunft" sorgte für einen einheitlichen Auftritt der verschiedenen Aktivitäten und bot damit einen hohen Wiedererkennungswert, gepaart mit einem modernen „Look", der vor allem in Gegenüberstellung zum normalen Logo der TU zu sehen ist (vgl. Abb. 18).

Abb. 18: Logo „Projekt Zukunft" in Gegenüberstellung zum Logo „Carolo Wilhelmina"

Der Auftritt der TU im Jubiläumsjahr war geprägt durch die kontinuierliche Nutzung des Logo und durch ein einheitliches Erscheinungsbild der TU mit einer klar definierten Integration der Kooperationspartner. Folgende drei Elemente sollten dem Jubiläumsjahr zugeschrieben werden.

1. Die Tatsache: „250 Jahre TU Braunschweig"
Damit verbundene Imagedimensionen sind die Tradition, die Erfahrung und die Bewährung als Garant für die Zukunft.

2. Das Versprechen: „Projekt Zukunft"
Das Projekt gilt als Einladung zur Zusammenarbeit, aber auch als gesellschaftlicher Auftrag und selbstgestecktes Ziel.

3. Das Sympathiezeichen: die TU „persönlich",
ein Sympathiezeichen (siehe oben), das die Abkürzung TU personifiziert, somit den Menschen in den Mittelpunkt stellt, modern, jugendlich, originell, gegenwärtig, freundlich, fröhlich und aufwärtsstrebend ist. Es stellt einen Kontrast zum Traditionszeichen „Wappen Carolo-Wilhelmina" dar, benutzt aber dieselben Farben, wobei Gold für Tradition, Wert und Substanz steht. Blau steht für das rationale Denken, Forschen und Konstruieren und Rot versinnbildlicht das aktive, zupackende, mutige Handeln.

Insgesamt erzeugt das Zeichen aufgrund seiner Prägnanz hohe Aufmerksamkeit, ist leicht lernbar und bleibt gut in Erinnerung, hat also einen hohen Wiedererkennungswert. Es wird in vielen Sprachen leicht verstanden und kann somit international eingesetzt werden. Es steht als Aktionszeichen für ein munteres Jubiläum, das verspricht, das „Projekt Zukunft" gemeinsam anzugehen.

Die Gestaltung des Logos wurde von einer freien Grafikerin übernommen. Im nachhinein konnte die TU die hierfür vorfinanzierte Summe wieder ausgleichen.

6.8.5 Anzahl der Sponsoren

Für die Finanzierung sorgten letztendlich vier Haupt-Sponsoren, ein Programm-Sponsor und 18 Neben-Sponsoren, die von der TU die Bezeichnung „Partner-Sponsoren" erhalten haben. Fünf weitere Einrichtungen und mehrere Einzelpersonen förderten das Jubiläum mit Spenden und sonstigen Unterstützungsleistungen.

Diese waren im einzelnen:
Haupt-Sponsoren:
- Niedersächsische Lotto-Stiftung, Hannover
- Norddeutsche Landesbank, Hannover
- Stiftung NORD/LB-Öffentliche Versicherung
- Volkswagen AG, Wolfsburg

Programm-Sponsor:
- Deutsche Bahn AG, Frankfurt

Partner-Sponsoren:
- Bad Harzburger Mineralbrunnen GmbH, Bad Harzburg
- Bayerische Motorenwerke AG, München
- Beyrich Reprografie GmbH & Co., Braunschweig
- Brauerei Feldschlößchen, Braunschweig
- Harald L. Bremer GmbH, Braunschweig
- Industrie- und Handelskammer, Braunschweig
- Kanada Bau GmbH, Braunschweig
- Linke-Hoffmann-Busch GmbH, Salzgitter
- MAN Nutzfahrzeuge AG, Salzgitter
- Mast Jägermeister AG, Wolfenbüttel
- Media Markt TV HiFi Elektro GmbH, Braunschweig
- Karl Munte Bauunternehmung, Braunschweig
- Preussag Stahl AG, Salzgitter
- PreussenElektra AG, Hannover
- Schmalbach-Lubeca AG, Braunschweig
- Siemens AG Verkehrstechnik, Erlangen
- Stifterverband für die Deutsche Wissenschaft, Essen
- Hotel Stadtpalais, Braunschweig

Förderer:
- Braunschweigischer Hochschulbund e.V., Braunschweig
- Braunschweig Stiftung, Braunschweig
- Stadt Braunschweig
- Land Niedersachsen
- Arbeitsamt Braunschweig

6.8.6   Leistungen der Sponsoren

Wie oben schon erwähnt, konnten ca. 1,35 Mio. DM aufgebracht werden. Den Löwenanteil bilden dabei die direkten Finanzleistungen, aber auch die verschiedenen Sachleistungen dürfen nicht vergessen werden. So hat es Mineralwasserflaschen mit TU-Logo gegeben, es wurden PKW, Busse und Hotelkapazitäten bereitgestellt. Im Rahmen des heute so beliebten Merchandising gab es alles, was das Herz begehrt: Mützen, Kugelschreiber, Taschen, Gedenkmünzen, Ersttagsbriefe.

Die konsequente Vermarktung machte die Durchführung des Jubiläums in der angestrebten Größe erst möglich. Durch das Angebot eines Markenartikels (250 Jahre TU Braunschweig) konnte den Sponsoren die Tragweite des Jubiläums verdeutlicht und die Preiswürdigkeit des Sponsorship demonstriert werden.

6.8.7 Durchführung des Sponsorship

Die Kommunikation des Jubiläums erfolgte auf vielfältige Weise und steht somit im Mittelpunkt unserer Betrachtung.

Das Logo war während des ganzen Jahres allgegenwärtig:
* auf Bannern in Braunschweig
* weltweit über den Frankierstempel
* auf Merchandising Produkten wie T-Shirts, Shorts, Schlüsselanhängern, Baseball-Caps und auf den klassischen Werbemitteln wie Presseinformationen, Plakaten und Druckwerken.

Insgesamt wurden folgende Werbemittel produziert und verteilt. Dabei traten die Haupt-Sponsoren in engem Zusammenhang mit dem Logo „Projekt Zukunft" auf.

```
    6.600 Visitenkarten
   85.000 Einladungen
          davon allein 30.000 für den Zukunftskongreß
   11.500 Plakate in den Formaten A1 und A2
    3.000 Briefumschläge
    5.100 Tagungsmappen
   11.200 Eintrittskarten
    5.000 Kugelschreiber
   20.000 Briefbögen
```

Nach den beeindruckenden Zahlen soll im Folgenden auf die einzelnen Mittel eingegangen werden.

6.8.7.1 Pressearbeit

Die Pressestelle der TU erstellte anläßlich des Jubiläums 15 Sonderpresseinformationen mit dem Namen „info", die an rund 500 Redaktionen (Tages-, Wochen- und Wirtschaftszeitungen sowie Fach- und Publikumsmedien) im gesamten Bundesgebiet versandt wurden. Über diese Pressemitteilungen wurden auch alle -Sponsoren kommuniziert.

Für den Kongreß „Wissenschaft als Zukunftskultur" wurde ein nächtlicher Fax-Pressedienst eingerichtet, der die Redaktionen aktuell mit den neuesten Kongreßnachrichten versorgte. Der Kongreß genoß insgesamt das größte Medienecho. Neben der Lokalpresse und bedeutenden überregionalen Zeitungen berichtete auch der NDR in seinem Hörfunk- und Fernsehprogramm.

6.8.7.2 Medienkooperationen

Der Medienpartner „Braunschweiger Zeitung" begleitete das gesamte Jubiläum redaktionell. Zum offiziellen Start erschien am 9. März 1995 eine Sonderbeilage, die an alle Haushalte im Wirtschaftsraum vertrieben wurde. Mit einer auf 300.000 Exemplare erhöhten Auflage wurde eine fast vollständige Abdeckung der Braunschweiger Haushalte gesichert, eine Reichweite, die man normalerweise mit einem Hochschulsponsoring nicht erreicht. 6.339 Exemplare wurden über die TU an 3.000 nationale Meinungsführer aus allen gesellschaftlichen Gruppen sowie an Teilnehmer der Jubiläumsveranstaltungen verteilt. In der Sonderbeilage wurden alle -Sponsoren des Jubiläums genannt und, soweit in den Sponsorships vereinbart, vorgestellt.

Der Medienpartner „Bild der Wissenschaft" publizierte zum wissenschaftlichen Höhepunkt des Jubiläums, dem Kongreß „Wissenschaft als Zukunftskultur", eine „Bild der Wissenschaft plus"-Beilage. Diese wurde zusammen mit der Ausgabe 6/95 von „Bild der Wissenschaft" mit einer Auflage von 145.000 über den Zeitschriftenhandel und Abonnements vertrieben.

Die Leserschaft von „Bild der Wissenschaft" besteht zu einem großen Teil aus Führungskräften in Wirtschaft, Politik und Verwaltung, die als Meinungsbildner und Entscheider, häufig als Leiter in Forschung und Entwicklung, im technischen Bereich, im Ingenieurwesen und in Wissenschaft fungieren. 3.000 Exemplare versandte die TU an nationale Meinungsführer aus allen gesellschaftlichen Gruppen, 32.000 Exemplare wurden den Teilnehmern der Jubiläumsveranstaltungen überreicht. Die Gesamtauflage erreichte mithin 180.000 Exemplare.

In der Beilage „Bild der Wissenschaft plus" wurden vorgestellt:
* Niedersächsische Lotto-Stiftung, Hannover
* Norddeutsche Landesbank, Hannover mit Stiftung NORD/LB-Öffentliche Versicherung
* Volkswagen AG, Wolfsburg
* Deutsche Bahn AG, Frankfurt
* Preussag Stahl AG, Salzgitter
* Bayerische Motorenwerke AG, München
* Beyrich Reprografie GmbH & Co., Braunschweig

Genannt wurden folgende:
* Bad Harzburger Mineralbrunnen GmbH, Bad Harzburg
* Brauerei Feldschlößchen, Braunschweig
* Stifterverband für die Deutsche Wissenschaft, Essen
* Harald L. Bremer GmbH, Braunschweig
* Industrie- und Handelskammer, Braunschweig
* Kanada Bau GmbH, Braunschweig
* Linke-Hoffmann-Busch GmbH, Salzgitter
* MAN Nutzfahrzeuge AG, Salzgitter

- Mast Jägermeister AG, Wolfenbüttel
- Media Markt TV HiFi Elektro GmbH, Braunschweig
- Karl Munte Bauunternehmung, Braunschweig
- PreussenElektra AG, Hannover
- Schmalbach-Lubeca AG, Braunschweig
- Siemens AG Verkehrstechnik, Erlangen
- Hotel Stadtpalais, Braunschweig
- Braunschweigischer Hochschulbund e.V., Braunschweig
- Braunschweig Stiftung, Braunschweig

Zum Gesamtverkehrsforum und zum wissenschaftlichen Symposium „Technik-Markt-Umwelt" am 6. Juni 1995 erschienen in der überregionalen Wirtschaftszeitung „Handelsblatt" mit einer Auflage von 137.000 Exemplaren mehrere Sonderseiten zum TU-Jubiläum. Neben Vorstandsmitgliedern, Geschäftsführern, Direktoren, Amtsleitern, Betriebsleitern bzw. Werksleitern sind leitende Angestellte und Selbständige über das Handelsblatt erreicht worden. Daneben hat die TU weitere Exemplare an die Teilnehmer der Jubiläumsveranstaltungen verteilt. Auch hier erfolgte eine Nennung der Sponsoren.

6.8.7.3 Informationsdienst „Jubiläum aktuell"

Insgesamt fünf Ausgaben des „Jubiläum aktuell" wurden von der Pressestelle der TU zu jubiläumsrelevanten Themen verfaßt. Diese wurden bundesweit an 3.000 Meinungsführer aus Politik, Wissenschaft, Kultur, Wirtschaft, Verbänden, Öffentlicher Verwaltung und Medien versandt. Wieder wurden alle Sponsoren genannt oder sogar vorgestellt.

6.8.7.4 Einladungen

Zu allen wichtigen Veranstaltungen wurden Einladungen gedruckt. Allein für den Kongreß „Wissenschaft als Zukunftskultur" waren das 30.000 Exemplare. Versandt wurden sie wiederum an die schon bekannten 3.000 Meinungsführer, aber auch direkt über die Mitglieder der TU an Persönlichkeiten der Region verteilt. Im Durchschnitt wurden für jede Veranstaltung 3.500 Einladungen verschickt.

Soweit Sponsoren die einzelnen Veranstaltungen präsentiert haben, wurde auf der Einladung der Zusatz „Mit Unterstützung von . . ." plaziert.

6.8.7.5 Plakate

Insgesamt 11.500 Plakate im Format A1 und A2 wurden produziert und ausgehängt. In der Gestaltung ließen sich die Farben des Logos (rot, blau, gold) wiederfinden. Die Plakate wurden in allen Instituten der TU und an Litfaßsäulen der Stadt Braunschweig plaziert. Auch in der Braunschweiger Gastronomie waren die Veranstaltungsankündigungen präsent.

Wie bei den Einladungskarten wurde für den Sponsor auch hier der Zusatz „Mit Unterstützung von . . .“ verwendet.

6.8.7.6 Briefumschläge

In Kooperation mit dem Media Markt Braunschweig wurden 3.000 Briefumschläge mit dem Jubiläumslogo bedruckt und mit der Sonderbriefmarke zum Jubiläum am 9. März 1995 anläßlich der Erstausgabe verkauft. Ein im Media Markt eingerichtetes Sonderpostamt versah die Briefumschläge mit dem begehrten Ersttagsstempel. Die Aktion war ein voller Erfolg und innerhalb weniger Stunden waren alle Umschläge vergriffen.

6.8.7.7 Tagungsmappen

Tagungsmappen wurden für folgende Kongresse ausgegeben:
* „Erfolg durch Produktinnovation – Maschinenbautagung“
  ▷ unterstützt durch die Deutsche Bahn AG
* „Mobilität durch Telematik-Gesamtverkehrsforum“
  ▷ Haupt-Sponsor: Volkswagen AG
  ▷ Programm-Sponsor: Deutsche Bahn AG
  ▷ Partner-Sponsor: BMW AG (nur für diese Veranstaltung)
* „Wissenschaft als Zukunftskultur“
  ▷ Haupt-Sponsoren: Volkswagen AG, Norddeutsche Landesbank mit Stiftung NORD/LB-Öffentliche
  ▷ Programm-Sponsor: Deutsche Bahn AG

Entsprechend tauchten die Sponsoren auch auf den Tagungsmappen auf. Zusätzlich nutzte die Pressestelle die mit dem Jubiläumslogo versehenen Mappen als Pressemappen.

6.8.7.8 Eintrittskarten

Soweit Veranstaltungen mit Kapazitätsbeschränkungen der jeweiligen Räumlichkeiten dies erforderten, wie z. B. Festball oder Festakt, wurden Eintrittskarten verkauft. Neben der Refinanzierungsmöglichkeit konnten auch hier die Sponsoren kommuniziert werden, wiederum mit dem Zusatz „Mit Unterstützung von . . .“.

6.8.8 Sponsoring-Kontrolle

Die oben angegebenen genauen Zahlen zeigen bereits, daß auf seiten der Hochschule eine Dokumentation der Ereignisse stattgefunden hat, die auch für die Sponsoring-Kontrolle notwendig ist. Die Verbreitung der Zeitungsbeilagen, die Anzahl der Besucher usw. können zur Rechtfertigung des verlangten Preises gegenüber den Sponsoren eingesetzt werden. Vor allem auch im Hinblick auf zukünftige Veranstaltungen wird dies die Verhandlungen mit weiteren potentiellen Sponsoren vereinfachen.

6.8.9 Lerneffekte

Bei der Planung und Vorbereitung der Jubiläumsveranstaltungen hat es TU-intern einige kritische Stimmen gegeben, die zum einen die Vermarktung kritisch sahen und zum anderen die Sponsoren-Gelder lieber in der Forschung gesehen hätten. Sicher darf eine Vermarktung nur soweit gehen, wie sie mit den Inhalten von Forschung und Lehre vereinbar ist. Einige Sponsoren wünschen manchmal größere Einflußmöglichkeiten, deren Gewährung aber in der Macht der Hochschule liegt. Die Forderung, daß die für die einzelnen Veranstaltungen geleisteten Sponsoren-Gelder besser direkt in die Forschung geflossen wären, verkennt den Charakter eines Sponsoring. Dieses zeichnet sich durch Leistung und Gegenleistung aus und wird vom Sponsor als werbliche Maßnahme zur Erreichung kommunikativer Zielsetzungen benutzt. Hätte es also die publikumswirksamen Veranstaltungen der TU nicht gegeben, wären überhaupt keine Gelder geflossen!

Das „Projekt Zukunft" versteht sich als Beginn einer längerfristigen Zusammenarbeit zwischen Universität und Wirtschaft in Forschung, Lehre, Weiterbildung. Die Kontakte, die durch das Sponsoring der TU Braunschweig und deren Institute hergestellt wurden, stellen eine Basis für zukünftige konkrete Projekte in diesen Bereichen dar.

Auch für die Unternehmen wird ein Hochschul-Sponsoring immer interessanter. Aufgrund der Sättigung herkömmlicher Kommunikationsinstrumente sind neue, kreative Auftritte gefragt. Die aktuelle Diskussion um den Wissenschafts- und Technologiestandort Deutschland erzeugt das gewünschte Medieninteresse. Zudem wird es immer schwieriger, hochqualifizierten Führungsnachwuchs zu rekrutieren. Bei den Veranstaltungen im Rahmen des TU-Jubiläums konnten sich die Sponsoren den über 17.000 Studierenden aller wissenschaftlichen Disziplinen als attraktiver Arbeitgeber darstellen und viele persönliche Kontakte aufbauen.

An der TU Braunschweig bemüht man sich weiterhin, diese Kontakte zu pflegen und weitere Sponsorships zu initiieren. Aktuellstes Projekt ist die Ausrüstung des Auditorium Maximum mit einer Multimedia-Anlage, die komplett durch Sponsoren finanziert werden soll. Es ist deutlich zu sehen, daß die erfolgreiche Durchführung eines großen Sponsorship, wie im Jubiläumsjahr, Lerneffekte mit sich bringt, die vor allem auch innerhalb der TU das Bewußtsein für diese moderne Art der Zusatzfinanzierung geschärft hat. Die Zusammenarbeit der verschiedensten Bereiche im Rahmen der konzertierten Aktion „250-Jahr-Feier" der Universität haben das Verständnis untereinander verbessert und man hat sich insgesamt besser kennengelernt.

Für weitere Projekte wird diese erstmals praktizierte Bündelung und Kanalisierung der universitätseigenen Kräfte und natürlich auch Kontakte lehrreich sein und die weitere Arbeit in diesem Bereich erleichtern. Vielleicht kann dann sogar ein noch höherer Zielerreichungsgrad angestrebt werden, obwohl die von Herrn Stegert eingeschätze Reibungsverlustgröße von 10 % für die erstmalige Durchführung eines solch großen Projekts doch eine sehr große Zufriedenheit widerspiegelt. Im Nachhinein verklärt die Erinnerung dann aber auch hunderte von Überstunden, die viele Hochschulangehörige leisten mußten, genauso wie die kleinen und großen Enttäuschungen bei der Zusammenarbeit mit den verschiedensten Parteien. Am Ende steht eine für deutsche Verhältnisse einmalige Veranstaltung, die durchaus zur Nachahmung anregen kann.

Auch auf der Seite der Sponsoren ist vielleicht ein Verständnis für ein Wissenschafts-Sponsoring gewachsen, ein Instrument der Unternehmenskommunikation, das die meisten Beteiligten bis dato mit den Bereichen Sport und eventuell noch Kultur in Verbindung gesetzt hätten. Sie konnten lernen, daß auch im Bereich der Hochschulen qualitativ wie quantitativ interessante Zielgruppen durch ein Sponsoring erreicht werden können.

Als Ausdruck, wie weit ein Sponsorship nachwirken kann, noch eine Anekdote zum Schluß. Seit dem 29. September 1996 verkehrt auf der Bahnstrecke Berlin – München der ICE Carolo-Wilhelmina. Nachdem die Deutsche Bahn den Kongreß „Wissenschaft als Zukunftskultur" als Programm-Sponsor unterstützt hat und Heinz Dürr als Redner ebenfalls auf dem Kongreß vertreten war, gibt es nun den ersten ICE, der den Namen einer Hochschule trägt.

6.9 Junge Kunst der 90er: PreussenElektra an der Hochschule für Bildende Künste Braunschweig

Die Hochschule für Bildende Künste genießt den Status einer künstlerisch wissenschaftlichen Hochschule des Landes Niedersachsen inklusive Promotions- und Habilitationsrecht. Im Zentrum der Forschung steht die Auseinandersetzung mit Kunst. Die ca. 1.000 Studierenden und ca. 60 Professoren sowie weitere wissenschaftliche und künstlerische Mitarbeiter befassen sich mit der Erforschung, Entwicklung und Realisierung von Kunst, Design und visuellen Medien sowohl in den traditionellen als auch in neuen, technologisch bestimmten Formen.

Bereits während des Studiums findet ein gegenseitiger Transfer zwischen HBK und Unternehmen statt in Form von Praktika, Projektarbeiten und fachlichem Austausch. Dieser Transfer in beide Richtungen wird von der HBK als prägend für die gesamte Hochschule gesehen. So ist es naheliegend, die Kooperation mit Unternehmen auch auf die Sponsoring-Ebene zu erweitern.

Kunst- und Kultur-Sponsoring sind seit langem anerkannte Kommunikationsinstrumente. Deshalb bietet die HBK als „Kunstlieferant" ein attraktives Sponsoring-Angebot an die Wirtschaft und erhält so gleichzeitig für ausgewählte Absolventen eine Plattform zur Darstellung.

Zeitgenössische Kunst stößt auf ein immer breiteres Publikumsinteresse. Die Ausstellungsreihe „Junge Kunst der 90er" will einen Beitrag zu ihrer weiteren Akzeptanz und Durchsetzung leisten. Die Ausstellungsstücke stammen von Absolventen der HBK und die Ausstellungsreihe soll als Forum zur Präsentation ihrer Werke dienen.

Präsentiert wurden Arbeiten aus den Jahren 1987 bis 1992, die aus den Bereichen Malerei, Grafik, Druckgrafik und Bildhauerei stammen. Die Auftaktveranstaltung fand im Januar 1993 in der Niedersächsischen Landesvertretung in Bonn statt. Weitere Veranstaltungsorte waren der Flughafen Hannover, die Fabrikhalle K3 in Hamburg, das Haus am Kleistpark in Berlin, die „Ecole des Beaux Arts" in Rouen, die Haupverwaltung der PreußenElektra, Hannover, und der große Speiseraum der Kantine des Volkswagenwerks Braunschweig.

Für die HBK stellte die Veranstaltungsreihe eine Herausforderung dar, da man nach einigen kleineren Sponsorships nun erstmals eng mit den Sponsoren kooperieren wollte. Vor allem die produktive Auseinandersetzung im Transfer zwischen Design und Wirtschaft und die weitere Förderung der Entwicklung zeitgenössischer Kunst standen im Vordergrund der Überlegungen.

6.9.1 Grundsatzüberlegungen

Man erkannte auf Seiten der HBK schnell, daß bei einem solch umfangreichen Sponsoring-Projekt die Hilfe und Erfahrung einer Agentur sehr nützlich sein kann. Vor allem die Sponsoren-Suche verschlingt personelle Ressourcen, da sie mit Elan und einem guten Konzept vorangetrieben werden muß. Die Entwicklung eines solchen Konzeptes kostet Geld. Geld, welches die HBK nicht aus dem laufenden Haushalt entnehmen konnte. Die Agentur Spectrum aus Hamburg konnte dann aber doch engagiert werden, da eine Ausstellung in einer Hamburger Versicherung Einnahmen für die Hochschule erbrachte, mit denen die Entwicklung des Konzepts durch die Agentur finanziert werden konnte.

6.9.2 Ziele des Gesponserten

Die HBK verfolgte neben den im Sponsoring üblichen Beschaffungszielen insbesondere Kommunikations- und Lernziele. Die Ausstellungsreihe und das damit verbundene Sponsorship sollten das Profil der Hochschule schärfen und den Bekanntheitsgrad erhöhen. Die beteiligten Studenten und Absolventen konnten bei der Vorbereitung und Durchführung der Veranstaltungen zudem viel über ihre zukünftige Arbeit lernen. Kunst zu machen ist die eine Seite, sie auch entsprechend zu vermarkten eine andere.

6.9.3 Leistungen des Gesponserten

Die Leistungen der HBK bestehen inhaltlich in der Auswahl der Künstler und Bereitstellung der Kunstwerke. Dazu gehören aber auch logistische Leistungen, wie die Aufbewahrung und der Transport der Kunstwerke sowie die Bereitstellung entsprechenden Präsentationsmaterials, wie z.B. des 3 Meter hohen Ausstellungssystems.

Insgesamt bringt die HBK ihre Kompetenz in Fragen der Kunst und der Kunstpräsentation in die Kooperation mit ein. Darunter fallen auch Katalogbeiträge und Informationsveranstaltungen, insbesondere für Mitarbeiter der Sponsoring-Firmen und interessierte Ausstellungsbesucher.

6.9.3.1 Image

Zur Vorbereitung herangezogene Untersuchungen aus der Freizeitforschung zeigten, daß der Besuch von Kunstausstellungen zunehmend an Bedeutung gewinnt. Das Profil der Besucher dieser Ausstellung ergab, daß die Gruppe der 30- bis 50jährigen den größten Anteil stellt, wobei weibliche und männliche Konsumenten gleichermaßen vertreten sind. Diese Interessenten zeigen sich marken- und qualitätsbewußt, sind design- und statusorientiert, engagiert und aufgeschlossen. Sie verfügen über ein überdurchschnittliches Einkommen und sind in höheren Positionen bzw. als Selbständige tätig. Dieses für viele Branchen interessante Profil wird vor allem über die folgenden, positiv besetzten Imagedimensionen transportiert:
- Ästhetik
- Exklusivität
- Gesellschaftliche Verantwortung
- Innovation
- Kreativität
- Modernität
- Nachwuchsförderung
- Originalität
- Prestige
- Qualität
- Spitzenleistung
- Vorbildcharakter

Im Konzept findet sich diese alphabetische Aufzählung ohne Angabe einer Rangfolge. Das „Sammelsurium" gibt dem potentiellen Sponsoren die Chance, sich „seine" Imagedimension herauszusuchen.

6.9.3.2 Zielgruppen

Kunstausstellungen bieten die Möglichkeit, die verschiedensten Zielgruppen in einer unkommerziellen Atmosphäre zu erreichen. Für die „Junge Kunst der 90er" ließen sich neun Zielgruppen abgrenzen:
1. Galeristen
2. Käufer
3. Mitarbeiter

4. Kunden, Geschäftspartner
5. Kunstinteressenten, für die der Erfolg im Beruf sehr wichtig ist
6. Kunstinteressenten mit hohem Bildungsniveau, für die die Kulturereignisse das „Lebenselixier" darstellen
7. Meinungsbildner in den Medien: Journalisten, Kunstkritiker
8. Künstler
9. Kunsterzieher

Die Auswahl und Reihenfolge entstammt wiederum dem Akquisitionskonzept und bestätigt die Vielzahl der Zielgruppen. Für die Künstler ist die Zielgruppe der Galeristen die wichtigste, da sie über künstlerischen Erfolg und Mißerfolg mitentscheidet.

Für die Sponsoren können aber auch potentielle Käufer interessant sein, wenn sie oben angesprochenem Profil entsprechen. Leider hat es während der Ausstellung keine Evaluation der Besucher gegeben, so daß sich heute deren Profil nicht angeben läßt.

6.9.3.3 Kommunikationsmaßnahmen

Trotz interner Diskussionen um das Ausmaß der Vermarktung hat die HBK im Konzept die gesamte Palette der kommunikativen Nutzung angeboten. Zur Illustration dient die folgende Aufzählung:

- Werbung (Plakat, Einladungsprospekt, Einladungskarte, Eintrittskarte, Direct Mailing)
- Katalogbuch
- Öffentlichkeitsarbeit (mit PR-Kooperationen)
- Sonderaktionen (Verkauf von T-Shirts, Postkarten etc., Talkshow, Sondervorführungen, Diskussionsveranstaltungen, Werkstattgespräche, Workshops, Künstlerinterviews, Vor- Premieren, ein auf die Kunstförderung des Sponsors abgestimmtes Rahmenprogramm)

Dies können nur Anregungen sein, denn die Ausgestaltung erfolgt immer individuell und in Abstimmung mit dem jeweiligen Partner.

6.9.4 Ziele des Sponsors

Die HBK bot mit der Ausstellungsreihe die Realisierung konkreter Sponsoring-Ziele für die Sponsoren an. Folgende Ziele sind im Sponsoring-Konzept umschrieben:

- Schaffung der Erlebnisdimension „Faszination Junge Kunst" für das Unternehmen bzw. die Marke
- Positiver Imagetransfer von Dimensionen wie Kunstförderung und Nachwuchsförderung
- Beitrag zur Profilierung der Region Braunschweig

- Steigerung des „Goodwill" gegenüber dem Unternehmen bzw. der Marke
- Kontaktpflege mit Geschäftspartnern, Meinungsbildnern und Multiplikatoren (opinion leader)
- Kontaktaufnahme mit statusorientierten, markenbewußten Verbrauchern, die über eine gehobene Bildung und ein überdurchschnittliches Einkommen verfügen.
- Profilierung der Unternehmens- und Markenkultur
- Ausbau von Markentreue
- Umgehung von Werberestriktionen
- Exklusiver Auftritt
- Plattform für eigene Kommunikationsmaßnahmen

Man erkennt eine Vielzahl unterschiedlicher Ziele, die vor allem deshalb so vielschichtig dargestellt wurden, weil man sich bei der Sponsoren-Suche nicht von vornherein einschränken wollte. Es sollten möglichst viele Bereiche und Branchen angesprochen werden. Eine ähnliche Bandbreite konnte bereits bei den angebotenen Imagedimensionen festgestellt werden.

6.9.5 Leistung des Sponsors

Als Leistung der Sponsoren hatte man im Vorfeld Pakete definiert, die praktisch für jeden Sponsoren-Geldbeutel etwas anzubieten hatten. Doch grau ist alle Theorie, denn die Praxis zeigte, daß es sehr mühsam war, Sponsoren für die gesamte Reihe zu bekommen. Die potentiellen Sponsoren wollten lieber veranstaltungsbezogen sponsern. Es zeigte sich, daß ein regionaler Bezug stärkeren Einfluß hatte, als vorher vermutet. Einen Exklusiv-Sponsor für die gesamte Reihe zu finden, ist trotz intensiver Bemühungen nicht gelungen. PreussenElektra erreichte als Haupt-Sponsor ein insgesamt sechsstelliges Engagement, war jedoch auch nur bei zwei Ausstellungen und im Katalog vertreten.

6.9.6 Durchführung des Sponsorship

Vor allem die Ausstellung in der Niedersächsischen Landesvertretung in Bonn unter Anwesenheit des Schirmherren, Ministerpräsident Gerhard Schröder, zog das Interesse der Sponsoren auf sich. Hier spielt zusätzlich der „VIP-Effekt" eine Rolle, da das Medienecho durch die Anwesenheit Prominenter stark positiv beeinflußt wird und somit die Veranstaltung für die Sponsoren an Attraktivität gewinnt. Auch die Ausstellung im Flughafen Hannover konnte wie geplant durchgeführt werden. Hier gab es nur kleinere technische Probleme, da die Deckenhöhe in einigen Bereichen unbefriedigend war. Der Flughafen Frankfurt, ebenfalls als Ausstellungsort geplant, konnte nicht für eine Zusammenarbeit gewonnen werden, da eine mietfreie Überlassung der Räumlichkeiten nicht möglich war.

Die HBK konnte mit Sponsoren-Geldern einen aufwendig gestalteten Katalog produzieren, der nun zu repräsentativen Anlässen überreicht wird. Man hat zudem jeweils ein Exemplar an die Berufsberater der Arbeitsämter geschickt und erhofft sich dadurch natürlich eine größere Aufmerksamkeit bei studieninteressierten Abiturienten. Vor allem dieser Katalog hat der HBK sehr geholfen, an Profil zu gewinnen und dieses auch zu kommunizieren. Man kann plausibel davon ausgehen, daß sie dem Nebenziel der Verbesserung der Qualität der Studienbewerber durch diese Maßnahme näher gekommen ist.

6.9.7 Zusammenarbeit mit einer Sponsoring-Agentur

Auch weiterhin wird die HBK versuchen, für verschiedene Aktionen Sponsoring-Gelder zu akquirieren. Sie wird dies allerdings in Zukunft ohne die Unterstützung einer Agentur tun. In der Hochschulverwaltung herrscht die Meinung, daß das bisher angesammelte Know-how für weitere Projekte ausreichend sein sollte, wenn es durch kontinuierliche Weiterbildungsveranstaltungen im notwendigen Umfang gepflegt wird. Zudem war die Ausstellungsreihe für die Agentur kein finanzieller Erfolg und so ist auch von dieser Seite die Motivation für eine weitere Zusammenarbeit eher gering.

6.10 Beachvolleyball-Turnier und Veranstaltungsankündigungen: Dresdner Bank am Institut für Sport der Universität Mannheim

Die Dresdner Bank Mannheim hat bisher zweimal das Beachvolleyball-Turnier des Instituts für Sport der Universität Mannheim gesponsert. Zudem werden die Sportprogramme des Instituts in Form eines kommentierten Veranstaltungsverzeichnisses aufgelegt und auf einem DIN A2 Poster angekündigt. In beide Medien sind Anzeigen der Dresdner Bank eingebunden.

Obwohl wir es hier mit einem Breitensport-Sponsoring zu tun haben, ist das Institut für Sport der Universität Mannheim das Sponsoring-Objekt und als solches einer Betrachtung im Rahmen des Hochschul-Sponsoring wert.

6.10.1 Ziele des Gesponserten

Das Institut für Sport will den Studenten ein attraktives Sportprogramm bieten. Vor dem Hintergrund knapper Kassen werden die Möglichkeiten des Sponsoring als ein ergänzendes Finanzierungsinstrument gesehen. Die Kooperation mit der Dresdner Bank war der Ausgangspunkt, von dem aus in Zukunft noch weitere Sponsorships in Angriff genommen werden bzw. bereits realisiert wurden. Wir erwähnen hier nur eine gemeinsame Aktion mit dem Sporthaus „Engelhorn Sports", das während eines Dies academicus Inline Skates gratis an die Studenten verliehen hat. Das Sporthaus gehört seit langem zu den Lieferanten des Instituts für Sports.

Bei der Frage nach der Motivation für die Sponsorships steht im Moment das Beschaffungsziel an erster Stelle. Langfristig ist jedoch geplant, das Institut für

Sport stärker als Dienstleister rund um den Sport, auch außerhalb der Hochschule zu positionieren. Man möchte eigenes Know-how und die eigenen Ressourcen zur Organisation und Durchführung von Sportveranstaltungen nutzen und insgesamt das Institut besser vermarkten. Den Anteil an erwirtschafteten Eigenmitteln zu erhöhen und damit den eigenen Finanzierungsspielraum zu vergrößern, stellt dabei die größte Motivation dar.

Zur Erreichung dieses ehrgeizigen Ziels arbeitet das Institut zur Zeit an einem eigenen Marketingkonzept, welches die Ziele, Aufgaben und Möglichkeiten nach außen und auch nach innen deutlich klarlegen soll. Es dient dann als Grundlage für die weitere planvolle Vermarktung der Institutsleistungen.

6.10.2 Leistungen des Gesponserten

Die Planung und Durchführung des Beachvolleyball-Turniers und die redaktionelle Bearbeitung des Veranstaltungsverzeichnisses und des Posters waren selbstverständlicher Bestandteil der Leistungen des Instituts.

Die Änderung der Grundfarbe des Posters von blau zu grün ist dagegen eine sponsorspezifische Gegenleistung, die dem kommunikativen Auftritt der Dresdner Bank entgegenkommen sollte. Leider konnte aus drucktechnischen Gründen das typische Dresdner Bank-Grün nicht für das Poster reproduziert werden. Die Verwendung dafür geeigneten Papiers hätte den gesetzten Kostenrahmen gesprengt. Man hat jedoch versucht, eine möglichst ähnliche Farbe herzustellen. Dieser Versuch ist aber gescheitert und deshalb wird das Ankündigungsposter mittlerweile wieder im traditionellen Blau gedruckt.

Zu den Leistungen des Instituts gehört auch die Bekanntmachung des gesponserten Turniers in der Presse. Leider ist jedoch im „Mannheimer Morgen", der regionalen Tageszeitung, kein Bericht erschienen, obwohl ein Reporter anwesend war. Durch eine entsprechende Nachfrage stellte sich heraus, daß man das Thema trotz Anwesenheit des Reporters nicht veröffentlichen konnte, da gerade eine Woche vorher ein Beachvolleyball-Turnier des Deutschen Volleyballverbandes mit Profispielern stattgefunden hatte.

Für die Zukunft hat das Institut für Sport sich vorgenommen, solche Terminüberschneidungen genauer zu beachten, bzw. der Presse einen weiteren Anreiz zur Berichterstattung zu bieten, der z. B. in der Austragung des Turniers bei Nacht unter Flutlicht liegen könnte. Auch weitere Medien, vor allen Dingen der Hörfunk, sollen stärker involviert werden als das bisher der Fall war.

Das Institut für Sport der Universität Mannheim trat als Veranstalter des Turniers auf, an dem aber auch die Studenten der anderen Mannheimer Hochschulen teilnehmen konnten. Die Ankündigung des Turniers geschah im Vorfeld durch eine breit angelegte, einwöchige Flugblattaktion an den beteiligten Hochschulen. Auf den Flugblättern ist der Termin der verbindlichen Anmeldung vermerkt. Die Anmeldung zum Turnier konnte an drei Tagen an einem Stand in der Mensa der Universität Mannheim, erfahrungsgemäß der meistfrequentierte Ort einer Hochschule, vorgenommen werden. Der Stand wurde in Kooperation mit dem Sponsor betrieben, der zum einen ein gut sichtbares Banner plazieren konnte und zum zweiten Informationen zu seinen Produkten für die Studenten verteilen konnte.

Gespielt wurde bei dem Turnier selbstverständlich um den „GriPS"-Pokal der Dresdner Bank, der mit DM 1.000,– als Hauptpreis dotiert war. Weitere Sachpreise wurden ebenfalls vom Sponsor gestellt. Im Umfeld des Turniers hatte der Sponsor zudem die Möglichkeit, Informationen zu seinen Produkten zu verteilen.

6.10.3 Ziele des Sponsors

Für eine Bank ist die Zielgruppe der Studenten immer attraktiv. Zum einen ist bekannt, daß die Wahl der Bank eine langfristige Entscheidung darstellt und zum anderen geht man davon aus, daß der Student von heute der Besserverdiener von morgen sein kann.

Wenn man sich der Zielgruppe zusätzlich in der freizeitorientierten Aktivität „Sport" darstellen kann, liegen die klassischen Bedingungen eines jeden Sponsorship vor. Die Dresdner Bank bietet darüber hinaus mit dem GriPS-Konto ein Girokonto, das speziell auf junge Kunden ausgerichtet ist.

6.10.4 Leistungen des Sponsors

Die Dresdner Bank ist Exklusiv-Sponsor des Beachvolleyball-Turniers und genießt daher alle Vermarktungsrechte. Die direkten Kosten von ca. DM 10.000,– erscheinen für diese Exklusivität vielleicht etwas niedrig, sind jedoch für eine Veranstaltung im Breitensport durchaus angemessen.

Selbstverständlich ist das Turnier Bestandteil der Pressearbeit der Dresdner Bank.

6.10.5 Organisatorische Regelungen

Zu den Zielen des Institut für Sport gehört langfristig die Entwicklung zu einem Dienstleister rund um den Sport.

Sponsoring ist dabei, wie schon erwähnt, ein erster Schritt in diese Richtung. An der Umsetzung der Strategie arbeitet der Referent für sportbezogene Projekte, Christian Burgahn. Neben der Betreuung der vorhandenen Sponsoren ist er auch mit der Akquisition neuer Sponsoren beschäftigt. Nach dem Studium der Sportwissenschaften konnte er Erfahrung in der Ausrichtung von Streetball-Turnieren und ähnlichen Veranstaltungen sammeln, unter anderem vermarktete er zwei internationale Basketball-Turniere. Die Bedürfnisse der Sponsoren sind ihm demnach nicht fremd. Er hat aber gleichzeitig die Wünsche und Bedürfnisse der Universität nach möglichst dezenten Sponsoren-Auftritten zu beachten.

Die Einsetzung eines expliziten Sponsoring-Beauftragten hat den Vorteil, daß für potentielle Sponsoren von außen und für Veranstaltungsmacher von innen ein eindeutiger Ansprechpartner zur Verfügung steht. Nach Auffassung vieler Sponsoren ist die häufig anzutreffende Intransparenz der Verwaltungsstrukturen der Hochschulen ein Haupthinderungsgrund für Sponsorships.

6.10.6 Auswahl des Partners

Mehrere Gründe gaben den Ausschlag für die Partnerschaft mit der Dresdner Bank. Wie schon erwähnt, ist die Erreichung der regionalen Zielgruppe „Student" ein starkes Motiv für eine Bank. Den ersten Kontakt konnte der Leiter des Instituts mit der Leiterin der Abteilung Kommunikation der Dresdner Bank herstellen, die eine Absolventin der Universität Mannheim ist. Ihre Studentenzeit liegt zwar schon viele Jahre zurück, es zeigt sich aber auch hier, daß für Sponsorships im Hochschulbereich gern auf bereits bekannte Partner zurückgegriffen wird.

Trotz des persönlichen Kontaktes gibt es ein fundiertes, schriftliches Akquisitionskonzept, welches dem Sponsor vorgelegt werden konnte. Mittlerweile arbeitet man gar an einem kompletten Marketingkonzept des Instituts, so daß sich weitere Akquisitionskonzepte dann auf eine Grundlage stellen lassen, die einer konsensfähigen Meinung der Institutsmitarbeiter entspricht.

6.10.7 Kontrolle und Ausblick

Die einzelnen Maßnahmen wurden diversen Kontrollen unterzogen. Besonders die das Engagement begleitenden Kontrollen, wie die Gespräche in den einzelnen Phasen, sind hier hervorzuheben. Vor allem aber ist darauf hinzuweisen, daß das Institut für Sport auch an anderer Stelle in der Universität für den Sponsor tätig war und dort die Verhandlungen wesentlich mitbestimmt hat. Dies geschah wohl gemerkt in einem Bereich, der nichts mit Sport zu tun hat!

Hier zeigt das Institut, daß es sich um den Sponsor kümmert und bemüht ist, die bestmögliche Betreuung zu gewährleisten. Ein obligatorisches, abschließendes Projektgespräch ist selbstverständlich und trägt viel zur Sicherung der Beziehung bei. Ein Sponsor, der sich so betreut sieht, wird das Engagement eher fortführen, als der, der sich nur als „Geldesel" verstanden sieht. In Kürze stehen weitere Verhandlungen über die Fortführung des Engagements an und es sieht danach aus, als ob das Beachvolleyball-Turnier in der geschilderten Form bestehen bleibt. Ein darüber hinausgehendes Engagement der Dresdner Bank gilt trotz allem aber als eher unwahrscheinlich.

Durch die Einsetzung des Sponsoring-Beauftragten findet jedoch mittlerweile eine konsequente Marktbeobachtung statt, d.h. daß die Firmen, die sich im Umfeld der Universität präsentieren, auch für das Institut für Sport interessant werden können. Vor allem verschiedene Krankenkassen, wie auch die eine oder andere Direktbank sind hier zu nennen. Von konkreten Projekten in dieser Richtung gibt es aber noch nichts zu berichten.

Kategorie: Preise

6.11 „Literatour Nord": DG Bank an den Universitäten Oldenburg, Hannover, Bremen und Hamburg

Die „Literatour Nord" ist eine Lesungstournee durch Norddeutschland. Der Preis der „Literatour Nord" wird einmal jährlich an einen der sechs Schriftsteller verliehen, die zu den Lesungen in der vorausgegangenen Jahressaison eingeladen worden sind. Mit der Einladung zu den Lesungen ist also bereits eine gewisse Vorentscheidung durch die Einbeziehung in den kleinen Kreis der möglichen Preisträger verbunden. Der Preis der „Literatour Nord" versteht sich als ein Förderpreis, mit dem wichtige jüngere Entwicklungstendenzen der heutigen deutschsprachigen Literatur unterstützt werden sollen.

Die Universitäten stehen bei diesem Sponsorship nicht so sehr wegen ihrer Kapazitäten in Lehre und Forschung im Blickpunkt, sondern eher aufgrund ihrer gesellschaftlichen Stellung. Literaturprofessoren aus Oldenburg, Hamburg, Bremen und Hannover organisierten in Zusammenarbeit mit mehreren Buchhandlungen und einem Haupt-Sponsor diese „Literatour Nord".

1996 wurde die „Literatour Nord" zum vierten Mal durchgeführt und erstmals fand eine Lesung in einer Universität, hier Hamburg, statt.

6.11.1 Ziele des Sponsors

Für die DG Bank ist eine Kunst- und Kulturförderung „selbstverständlicher Bestandteil ganzheitlicher Unternehmenskommunikation". Primäres Motiv des Haupt-Sponsors ist demnach nicht die Förderung von Wissenschaft, sondern die Förderung von Kunst, die jedoch in einer Preisvergabe Ausdruck findet, wie wir sie auch aus dem wissenschaftlichen Bereich kennen.

6.11.2 Leistung des Sponsors

Die DG Bank stellt für den Preis der „Literatour Nord", der im Oktober jeden Jahres in einer norddeutschen DG Bank- Niederlassung von einem Vertreter der DG Bank (erstmals am 17.10.1993 in der DG Bank-Niederlassung Hamburg) an eine(n) namhafte(n) deutschsprachige(n) Schriftsteller(in) verliehen wird, einen Betrag in Höhe von DM 20.000.– zur Verfügung. Die DG Bank ist damit Exklusiv-Sponsor dieses Preises.

Das Preisgeld von DM 20.000,– ist jeweils zur Preisverleihung fällig. Darüber hinaus übernimmt die DG Bank gegenüber den Veranstaltern zusätzlich
- Kosten für das Design und die Druckkosten des Veranstaltungsplakats,
- Reisekosten der Jurymitglieder,
- Druck der Einladungskarten für die Preisverleihung,
- Honorar für die Laudatio,

- Reise- und Übernachtungskosten für Preisträger und Laudator und
- Ausrichtung der Preisvergabe (Getränke für Gäste)

bis zu einem Höchstbetrag von DM 10.000,–. Die Veranstalter sind verpflichtet, die entstandenen Kosten mit Einzelbelegen nachzuweisen.

6.11.3 Ziele der Gesponserten

Die beteiligten Hochschulen verfolgen in erster Linie Kommunikationsziele. Ihr Image soll durch die Lesungen positiv verändert werden. Der gemeinsame Auftritt dient außerdem der Bildung einer „norddeutschen Identität", die dem Ereignis eine gewisse Präsenz in den Medien verleiht und ein Interesse der Öffentlichkeit hervorruft.

6.11.4 Leistungen der Gesponserten

Die Veranstalter verpflichten sich zu folgenden Leistungen, die jedes Jahr zu erbringen sind:
- Auswahl der für den Preis in Frage kommenden Autoren und die Organisation und Durchführung der der Preisverleihung vorangehenden literarischen Lesungstournee mit den Autoren.
- Durchführung von mindestens drei Lesungen in norddeutschen DG Bank-Filialen.
- Zusammenarbeit mit einer DG Bank-Niederlassung bei der gesamten Organisation und Durchführung der Preisverleihung.
- Erwähnung der DG Bank an hervorgehobener Stelle und in angemessener Größe als Exklusiv-Sponsor des Literaturpreises Nord mit Logo und Creditlinie „Literatour Nord wird gefördert von der DG Bank" auf dem Ausstellungsplakat für den Literaturpreis, auf dem Ausstellungsplakat der „Literatour Nord"-Lesungsreihe, den Einladungen, den Eintrittskarten sowie sonstigen Druckerzeugnissen zu diesen Veranstaltungen.
- Koordination einer gemeinsamen Presseerklärung, in der die finanzielle Trägerschaft des Sponsors hervorgehoben wird. Die Kosten dafür übernimmt die DG Bank.
- Erwähnung des Sponsors in allen übergreifenden Pressemitteilungen oder sonstigen Veröffentlichungen bezüglich der Lesungsreihe und des Literaturpreises.

Die genaue Größe, Farbe, Schriftart und der Wortlaut der Erwähnung des Sponsors ist im gegenseitigen Einvernehmen zwischen den Parteien festzulegen.

6.11.5 Weitere Partner

Folgende Buchhandlungen gehören nach dem Sponsoring-Vertrag zu den Veranstaltern, also zu den Gesponserten:
> Carl von Ossietzky-Buchhandlung, Oldenburg, in Verbindung mit dem Literaturbüro der Stadt Oldenburg

▷ Universitätsbuchhandlung Bremen, in Verbindung mit dem Literaturcafé Ambiente
▷ Heinrich Heine Buchhandlung, Hamburg
▷ Sachse & Heinzelmann-Buchhandlung, Hannover

Diese Einordnung der nicht gemeinnützigen Einrichtungen „Buchhandlung" als Gesponserte ist ungewöhnlich. Da die Buchhandlungen durch die Lesungen Eigenwerbung erhalten, wäre ihre Einordnung als Sponsoren logischer gewesen. Ihre Sponsoren-Leistung hätte dann in der Bereitstellung der Räumlichkeiten für einige der Lesungen bestanden. Hier zeigt sich deutlich, daß sich die Rollen von Sponsor und Gesponsertem umkehren können, wenn aufseiten der Gesponserten Kommunikationsziele im Vordergrund stehen.

6.11.6 Rechtsfragen

Banken sind professionelle Sponsoren. Eine vertragliche Regelung hat nichts mit Mißtrauen zu tun, sondern ist in einem Geschäft von Leistung und Gegenleistung als völlig normal anzusehen. Der hier geschlossene Vertrag schreibt die Rechte und Pflichten der Partner fest und sieht gar Konventionalstrafen bei Nichteinhaltung vor.

6.11.7 Durchführung des Sponsorship

Die Veranstalter werden federführend vertreten durch den Literaturprofessor Dr. Dirk Grathoff, Universität Oldenburg.

Die Jury für die Vergabe des Preises der „Literatour Nord" besteht derzeit aus acht Personen, einschließlich eines Vertreters der DG Bank, die berechtigt ist, ihr Jury-Mitglied selbst zu benennen. Die Jury wird in einer norddeutschen DG Bank-Niederlassung jeweils nach Beendigung der Lesungsreihe in den Monaten zwischen Juni und August zusammenkommen, um die Preisvergabe zu beraten und zu beschließen. In einer anschließenden dpa-Mitteilung werden sodann Preis, Preisträger, Preisstifter und Veranstalter genannt.

In der Preisverleihung wird das Gesamtwerk des Preisträgers mit einer Laudatio gewürdigt. Anschließend erfolgt eine Lesung des Preisträgers aus möglichst unveröffentlichten Texten. Für die Preisverleihung stehen dem Sponsor und den Veranstaltern Eintrittskarten im Verhältnis 1 zu 3 zu.

6.11.8 Zusammenarbeit zwischen Sponsor und Gesponsertem

Die DG Bank hat das Recht, den oder die möglichst unveröffentlichten Lesungstexte des Preisträgers, bzw. das Werk, aus dem die Lesung anläßlich der Preisverleihung erfolgte, zusammen mit der Laudatio und einem Vorwort des Vorstandes der DG Bank, als Sonderdruck (Auflage ca. 3.000 Stück) für eigene Werbezwecke zu drucken und kostenlos zu verteilen. Die dafür anfallenden Druckkosten trägt die DG Bank. Die Veranstalter verpflichten sich, beim jeweiligen Preisträger darauf hinzuweisen, daß dieser dem Sponsor die vorgenannten Nutzungs- bzw. Verwertungsrechte unentgeltlich einräumt.

Die DG Bank erwirbt mit dem Sonderdruck ein einzigartiges Werbemittel, dessen Einsatz als „give-away" für gute Kunden umso glaubwürdiger wirkt, desto enger die Verzahnung zwischen Sponsor und Gesponsertem ist. Ein simpler Ankauf würde diese kommunikative Wirkung beim Kunden nicht erzielen.

6.11.9   Sponsoring-Kontrolle

Eine Kontrolle findet hier nur durch die Erfassung der Medienresonanz statt. Die DG Bank beauftragt einen Presse Ausschnittdienst mit der Sammlung aller Pressenotizen (sog. Clipping) über die „Literatour Nord" und den Preis der „Literatour Nord" und stellt eine Kopie der gesammelten Pressenotizen dem Sprecher der Veranstalter zur Verfügung, die dadurch von der Zusammenarbeit profitieren, weil sie keine eigenen Ressourcen einsetzen müssen.

Kategorie: Forschungstransfer

6.12   ISOLDE: Bischoff-Paket-Logistik an der Universität Erlangen-Nürnberg

Ein sinnvoller Transfer von Erkenntnissen aus der Wissenschaft in die Wirtschaft kann eine „sponsoringwürdige" Aufgabe sein. Hier sind nicht die vielfältigen Möglichkeiten der Auftragsforschung gemeint, die einem bei dem Stichwort Forschungstransfer zunächst einfallen. In dem von uns ausgewählten Beispiel geht es vielmehr um die privatwirtschaftliche Unterstützung durch die Bischoff-Paket-Logistik (Gründungsmitglied des German Parcel Verbundes) eine Initiative des Lehrstuhl Logistik an der Wirtschafts- und Sozialwissenschaftlichen Fakultät der Universität Erlangen- Nürnberg zum Modellversuch reifen zu lassen.

ISOLDE bedeutet „Innerstädtischer Service mit optimierten logistischen Dienstleistungen für den Einzelhandel" und beschreibt ein logistisches Konzept zur Lösung der Probleme innerstädtischen Verkehrs, insbesondere des Wirtschafts- und Güterverkehrs. Ziel ist dabei eine umweltschonendere Abwicklung solcher Verkehre, Entlastung des Straßennetzes in Ballungsräumen und insbesondere in Innenstadtbereichen, sowie die Steigerung der wirtschaftlichen Attraktivität und Lebendigkeit der Innenstädte, die im Wettbewerb gegen Einkaufsstätten auf der „grünen Wiese" an Attraktivität verlieren.

Das Konzept umfaßt ein ganzes Bündel von Dienstleistungen, das von der Versorgung der Einzelhändler über die Lagerung und Lieferung der Einkäufe an die Kunden bis hin zur Abholung und Entsorgung der Wertstoffe bei den Einzelhändlern reicht.

Insgesamt sind die Kosten des Modellversuchs mit DM 1,4 Mio. veranschlagt. Mittlerweile ist dafür im Rahmen des Förderprogramms „Bayern Online" der Bayerischen Staatsregierung eine 50%ige finanzielle Förderung der Planungs- und Startaufwendungen für die Durchführung von ISOLDE zugesagt. Die restliche Finanzierung wird durch die Gebühren der Einzelhändler und Kunden und durch die Gesellschafter und Kommanditisten der zur Vermarktung und Verwaltung gegründeten IGN-Gesellschaft für integriertes Güterverkehrsmanagement Nordbayern mbh & Co. sichergestellt.

Das hier vorgestellte Sponsorship bezieht sich daher auf eine frühere Phase des Projekts, wo an solche Summen noch nicht gedacht werden konnte.

6.12.1   Ziele und Zielgruppen des Sponsors

Die Bischoff-Paket-Logistik ist als Logistik-Dienstleister besonders an den Forschungsergebnissen des Modellversuchs interessiert. Ein Motiv ist deshalb im direkten Forschungstransfer zu sehen, möglicherweise auch ein Grund für eine Auftragsforschung.

Die Motivationen für das Sponsorship ergeben sich aus anderen Gründen. Ein umweltschonendes Logistikkonzept, welches zudem unter Stadt-Marketing-Aspekten die Attraktivität der Nürnberger Innenstadt erhöht, hat eine Wirkung auf regionale Zielgruppen. Der Firmensitz der Bischoff-Paket-Logistik befindet sich in Nürnberg. Umweltbewußte Bürger der Region nehmen das Angebot selbst und auch die Unterstützungsleistungen des Sponsors wahr. Der Einzelhandel in Nürnberg als Auftraggeber für Paketzustelldienste wird ebenfalls erreicht; Bekanntheitsgrad und Image steigen. Die „klassischen" Ziele eines Sponsorship liegen vor.

6.12.2 Leistungen des Sponsors

Das Gesamtpaket an Leistungen erreicht ca. DM 30.000. Diese Leistung wird zu einem Teil als Abtretung einer Dienstleistung erbracht, die folgendermaßen abläuft: Die Bischoff-Paket- Logistik beschäftigt eine Public Relations Agentur, die im Rahmen von Jahreskontrakten eingesetzt und bezahlt wird. Dem gesponserten Lehrstuhl wurden zwei 12tel im Gegenwert von 2 Monatsleistungen dieser Agentur – für die Öffentlichkeitsarbeit und die marktgerechte Ausgestaltung des ISOLDE-Konzepts zur Verfügung gestellt. Dies entspricht einem finanziellen Wert von ca. DM 20.000,–. Weiterhin hat das Unternehmen mit seinen Mitteln erste Informationsschriften, darunter einen vierseitigen farbigen Werbeprospekt, für ISOLDE bereitgestellt. Um den Umweltaspekt hervorzuheben wurde für den Prospekt Recyclingpapier verwendet.

6.12.3 Ziele des Gesponserten

Die Finanzierung eines Modellversuchs ist normalerweise nicht mit den Mitteln eines Lehrstuhls zu erreichen. Gerade die Bekanntmachung der innovativen Lösung mit Hilfe von Werbematerialien setzt erhebliche Anfangsinvestitionen voraus, die in diesem Falle durch das Sponsoring beschafft werden konnten. Das Projekt selbst trägt sich – neben der Förderung durch „Bayern Online" – über die Beiträge der beteiligten Einzelhändler und der Kunden, die das Angebot in Anspruch nehmen.

Als weiteres Ziel ist hier das Lernziel herauszustellen, da die Zusammenarbeit mit dem Sponsor einen Modellcharakter hat. Zum einen soll die Zusammenarbeit auch über die „Anschubfinanzierung" hinaus erhalten werden, was durch den Produktbezug zwischen ISOLDE und dem Tätigkeitsfeld der Bischoff-Paket-Logistik leicht fallen sollte, zum anderen kann die Kooperation als Modell für weitere Projekte der Universität mit der Wirtschaft dienen.

6.12.4 Leistungen des Gesponserten

Die Leistungen bestehen aus einer kommunikativen Unterstützung und aus dem Austausch fachlicher Spezifika, die direkt mit dem Projekt zu tun haben.

Kommunikative Nutzung fand durch eine Pressekonferenz statt, an der ein Bundestagsabgeordneter, Professor Klaus als Initiator, sowie weitere Fachleute teilnahmen, die eine gute Resonanz in der Fachpresse fand. Zudem befindet sich das Sponsoren-Logo auf den ISOLDE-Fahrzeugen.

6.12.5 Erfolgskontrolle

Obwohl der Sponsor seine Zielgruppen erreichen konnte, hätte die kommunikative Nutzung durchaus noch stärker betont werden können. Durch die Gründung einer eigenen Gesellschaft sind weitere Aktionen im Bereich Sponsoring überflüssig geworden. Als Modell für die Anschubfinanzierung ist dieses Beispiel allerdings sehr gut geeignet, da der Forschungstransfer unterstützt wird ohne die knappen Ressourcen der Hochschule anzutasten.

Kategorie: Marketing-Maßnahmen

6.13 Bibliotheksausweis: Techniker Krankenkasse an der Fachhochschule Hamburg

Die Fachhochschule Hamburg kooperiert bei der Herstellung der elektronisch lesbaren Bibliotheksausweiskarten für ihre rund 15.000 Studierenden und etwa 1.000 hauptamtlichen Mitarbeiter mit der Techniker Krankenkasse Hamburg.

6.13.1 Grundsatzüberlegungen

In der Fachhochschule existieren Gedanken zu einem Marketingkonzept der gesamten Hochschule. Die generelle Schwierigkeit bei Erstellung eines durchgreifenden Marketingkonzeptes liegt nach Dr. Schlichting, dem Presse- und Öffentlichkeitsreferenten, in der organisatorischen Struktur der Hochschulen selbst: Auftragsverwaltung und Selbstverwaltung verfolgen mitunter unterschiedliche Interessen, die Fachbereiche haben nicht immer die auch übergeordneten Interessen der Hochschule im Blick, und für Maßnahmen der PR, für Messen und sonstige öffentlichkeitswirksame Aktivitäten steht kaum Geld zur Verfügung – ganz abgesehen davon, daß die klassische Verwaltung und die Professoren sich hier auf Neuland bewegen. Die Einführung eines Corporate Design und der in den zentralen Publikationen ausgedrückte Gestaltungswille soll Partnern ein attraktives Umfeld bieten und so die weitere Akquisition von Sponsoren erleichtern.

6.13.2 Leistungen des Gesponserten

Es war des öfteren zu beobachten, daß man ein Sponsorship nur realisieren konnte, wenn auch die wissenschaftlichen Zielsetzungen der Hochschule oder des betreffenden Lehrstuhls in Einklang mit der Unternehmensphilosophie des Sponsors standen, wie z.B. beim Mannesmann Mobilfunk Stiftungslehrstuhl an der TU Dresden. Dies ist hier eindeutig nicht der Fall. Es geht ausschließlich um die Erreichung einer vorgegebenen Zielgruppe mit einem adäquaten Instrument. Dieses Instrument ist der Bibliotheksausweis, der sich in Form einer Scheckkarte hervorragend zur werblichen Nutzung eignet. Die Fachhochschule stellt den Raum auf den Ausweisen in Verbindung mit der hochschuleigenen Zielgruppe „Studenten" als Leistung zur Verfügung.

6.13.3 Auswahl des Partners

Die Idee für die Bibliotheksausweise ging von der Verwaltung der Fachhochschule aus. Die Techniker Krankenkasse Hamburg konnte aus mehreren Gründen als Sponsor gewonnen werden. Zum einen bestand ein Kontakt zur Fachhochschule, da die Techniker Krankenkasse Anzeigen in der Hochschulzeitung schaltet. Zum zweiten bietet die Fachhochschule eine klar umrissene Zielgruppe, die der Zielgruppe der Techniker Krankenkasse entspricht. Aus der Tradition des Sponsors heraus interessieren hier vor allen Dingen die Ingenieurwissenschaften, aber im

Zuge der Öffnung der Krankenkassen sind auch andere Fachbereiche interessant geworden.

6.13.4 Ziele des Sponsors

Ziel der Techniker Krankenkasse ist die Selbstdarstellung gegenüber dieser Zielgruppe sowie die Erhöhung des Bekanntheitsgrades. Dabei versucht der Sponsor, den eigenen Namen mit innovativen Ideen in Verbindung zu bringen. Innerhalb der Techniker Krankenkasse hält man das Sponsoring der Bibliotheksausweise für eine innovative Technik und Idee. Zugleich denkt man, ein für den Gesponserten sinnvolles Projekt zu unterstützen, d.h. es existiert neben dem reinen Kosten-Nutzen Denken auch noch eine altruistische Motivation.

Nach Einschätzung des Sponsors ist die klassische Werbung in den normalen Hochschulmedien günstiger, das Sponsorship wird als flankierende Maßnahme gewertet. Gleichzeitig ist sich die Techniker Krankenkasse bewußt, daß die Zielgruppe der Studenten auch jedem Wettbewerber „am Herzen liegt" und sich daher auch deren werbliche Präsenz in den Hochschulmedien verstärken wird. Vor diesem Hintergrund ist die alleinige werbliche Präsenz auf der Bibliotheksausweiskarte höher zu gewichten und demzufolge ist der Preis als angemessen anzusehen.

6.13.5 Leistung des Sponsors

Die Techniker Krankenkasse zahlt der Fachhochschule DM 1,– pro Karte und trägt die zusätzlichen Produktionskosten für den Werbeaufdruck, den sie auf der Rückseite der Ausweiskarten angebracht hat (Abb. 19).

Abb. 19: Bibliotheksausweis der FH Hamburg

Da als Berechnungsgrundlage von 15.000 Studierenden ausgegangen wurde, erhielt die Fachhochschule im Jahre 1993 erstmals einen Betrag von DM 15.000,–. Im Jahre 1996 wiederholte die Techniker Krankenkasse ihr Engagement, da die Bibliotheksausweise nach drei Jahren ersetzt werden mußten. Dieser Betrag überstieg jeweils die Produktionskosten der Karten.

6.13.6 Durchführung des Sponsorship

Für die tatsächliche Herstellung der Karten sind die Gelder ganz normal aus dem Haushalt geflossen. Der Sponsoring-Betrag ist vielmehr für die Entwicklung eines Corporate Design verwendet worden. Dessen Anwendung hat das Profil der Hochschule erkennbarer werden lassen und zu einem einheitlichen Auftritt der unterschiedlichen Fachbereiche geführt, der vor allem in der Stadt Hamburg wahrgenommen worden ist. Die zur Entwicklung eines Corporate Design anfallenden Kosten hätten nur sehr schwer aus dem Haushalt genommen werden können, wohingegen das Geld für die Produktion des Bibliotheksausweises im Haushalt bereitgestanden hat. Diese Flexibilität im Umgang mit den Mitteln und die kooperative Haltung des Sponsors, seine Gelder „zweckentfremden" zu lassen, ist auf jeden Fall erwähnenswert.

Für viele potentielle Sponsoren stellt die oft geforderte Langfristigkeit und auch die Höhe der geforderten Summen ein echtes Hindernis dar. Wenn man als Hochschule Angebote wie das oben beschriebene machen kann, kann das der erste Schritt zu einer langfristig für beide Partner erfolgversprechenden Kooperation sein. Obwohl die technische Umsetzung des ersten Bibliotheksausweises nicht optimal war, da die Qualität des Drucks zu wünschen übrig ließ, kam es zu einer Wiederholung des Engagements. Dies wäre nicht zwingend notwendig gewesen, so daß man davon ausgehen kann, daß der Sponsor seine Ziele in ausreichender Weise erreichen konnte. Zumindest wird deutlich, daß kleinere Pannen bei der Durchführung nicht zwangsläufig zur Beendigung eines Sponsorship führen müssen.

6.13.7 Erfolgskontrolle

Auch wenn eine explizite Erfolgskontrolle aufseiten des Sponsors nicht stattgefunden hat, so zeigt doch die Wiederholung des Sponsorships, daß man zumindest einen negativen Effekt ausschließen konnte. Die Techniker Krankenkasse kann allerdings keine Angaben darüber machen, wieviele Neumitglieder aufgrund des Werbeaufdruck auf dem Bibliotheksausweis der Fachhochschule gewonnen werden konnten.

6.14 Anzeigenkampagne „High-Tech, High-Teach, High-Life": Siemens AG u.a. an der TU Dresden

Die Hochschulen stocken ihre Mittel schon lange über einen Anzeigenverkauf in hochschuleigenen Medien wie Vorlesungsverzeichnissen, Zeitschriften des Rektorats u.ä. auf. Diese Engagements stellen eine konventionelle werbliche Aktivität der Unternehmen im Hochschulbereich dar, die noch nicht als Sponsoring anzusehen ist.[172]

---

[172] Vgl. 2.1.3, S. 19ff.

Es gibt aber (mindestens) eine andere Möglichkeit, Gelder einzunehmen und vor allem aus Sicht der Hochschule über Anzeigen eigene kommunikative Ziele zu verfolgen. Die folgende Anzeigenkampagne beschreibt diesen neuen Weg, der zudem beweist, daß man das Erfolgspotential des Sponsoring mit neuartigen und kreativen Auftritten erweitern kann.

Mitte Juni 1996 schaltete die TU Dresden eine Anzeige mit dem Titel: „High-Tech, High-Teach, High-Life: An alle Studenten der Technikwissenschaften: Kommt nach Dresden!", die das vorrangige Ziel verfolgte, potentielle Studenten auf den Universitätsstandort Dresden aufmerksam zu machen (Abb. 20).

Abb. 20: Anzeigenmotiv „High-Tech, High-Teach, High-Life"

6.14.1   Ziele des Gesponserten

Die Monate Mai bis Juli sind in jedem Jahr Spitzenmonate des Interesses von Schülern, Eltern, Abiturienten, weiteren Studieninteressierten, aber auch von Studiengang- und Studienortwechslern an Informationen zur Ausbildung an der TU Dresden. Da man gleichzeitig in den letzten Jahren einen Rückgang der Bewerberzahlen in den Ingenieurwissenschaften beobachten konnte, erschien die sehr auffällige Anzeige in bundesweiten Medien als adäquates Mittel, weitere Anfragen zu generieren.

6.14.2   Leistung des Gesponserten

Die Initiative zur Anzeige ging von der Hochschulverwaltung aus, die Konzeption wurde innerhalb der TU mit allen Betroffenen diskutiert, Möglichkeit zur Kritik wurde gegeben. Die Gestaltung und Umsetzung der Anzeige übernahm daraufhin die renommierte Werbeagentur Scholz & Friends.

6.14.3   Ziele der Sponsoren

Initiiert von der TU, finanziell getragen durch die Stadt Dresden und ausgesuchten Dresdner Niederlassungen westdeutscher Unternehmen war es Ziel der Anzeige, den Bekanntheitsgrad der Hochschule generell zu erhöhen und die Botschaft vom guten Verhältnis zwischen Theorie und Praxis an der TU Dresden zu verbreiten. Aus der Anzeige ersieht man, daß sich in Dresden Niederlassungen bedeutender Unternehmen befinden, die zudem auf eine Hochschule treffen, die sich eine praxisnahe Ausbildung auf die Fahnen geschrieben hat.

Die Stadt Dresden als Mitfinanzierer der Kampagne ist ebenfalls daran interessiert, die Präsenz bedeutender Industrieunternehmen zu demonstrieren und damit auch ihr Image zu verbessern. Der besondere Clou und damit die eigentliche Botschaft der Anzeige liegt jedoch gerade im gemeinsamen, konzertierten Auftreten von Stadt, Wirtschaft und Wissenschaft.

Der Anzeige sieht man nicht an, daß die Siemens AG als Haupt-Sponsor aufgetreten ist, die dann ihr verbundene Unternehmen zu einer Teilnahme motiviert hat. Die Motive der einzelnen Sponsoren liegen bei diesem Projekt weniger im kommunikativen als eher in anderen Bereichen. Die Sponsoren demonstrieren Präsenz in Ostdeutschland, unterstützen den wissenschaftlichen Nachwuchs, sorgen damit gleichzeitig für ihren eigenen Nachwuchskräfte und zeigen somit gesellschaftliche Verantwortung.

Interessanter ist hier fast der Imagegewinn der Technischen Universität und in Abstrichen auch der der Stadt Dresden, die hier aufseiten der Sponsoren steht. Wir haben bereits bei der Darstellung des Mannesmann Mobilfunk Stiftungslehrstuhls über den umgekehrten Imagetransfer gesprochen, der in dieser Anzeige noch sehr viel stärker zum Tragen kommt und der Universität weiteres Profil verleiht.

6.14.4 Leistung der Sponsoren

Die Anzeige erschien überregional
- in der „Frankfurter Allgemeinen Zeitung" am 15. Juni 1996 (1/3 Seite)
- in der Zeitschrift „Der Spiegel" am 17. Juni 1996 (1/1 Seite)
- in der Wochenzeitung „Die Zeit" am 21. Juni 1996 (1/3 Seite)

und verursachte Gesamtkosten in Höhe von ca. DM 100.000,–.

Der auf die Gestaltung entfallende, an Scholz & Friends zu entrichtende Anteil wurde von der TU vorfinanziert und erst später durch die Sponsoren-Gelder ausgeglichen.

Im Einzelnen entfielen
- ca. 60% auf Siemens und deren Partner- und Zulieferfirmen,
- ca. 30% auf die Wirtschaftsförderung der Landeshauptstadt Dresden und
- ca. 10% auf Forschungspartner der TU Dresden.

Siemens' Auftritt als Hauptsponsor hängt mit dem Engagement von Herrn Dipl.-Ing. Joachim Sähn zusammen, der als Abteilungsdirektor des Pilot- und Innovationsbereichs SIMEC den Aufbau der Dresdner Siemens-Niederlassung wesentlich mitgetragen hat. Neben der klaren Zielsetzung der Stärkung des Standorts Dresden spielt auch der persönliche Kontakt eine Rolle.

6.14.5 Erfolgskontrolle

Vergleicht man die Anzahl der telefonischen, schriftlichen und persönlichen Nachfragen im Zeitraum 15. Juni bis 15. Juli in den Jahren 1995 und 1996 miteinander, so ist ein Anstieg von 3.395 auf 4.385, also um fast 30% zu erkennen. Welchen Anteil an diesem Ergebnis die Anzeigenkampagne hat, läßt sich im Detail nicht weiter quantifizieren.

Als ein weiterer, ebenfalls nur mittelbarer Indikator sei die Entwicklung der Bewerberzahlen genannt. Auch hier zeichnen sich deutliche Steigerungen ab. Die Angaben beziehen sich auf den Stichtag 29. Juli 1996.

	1995	1996
Elektrotechnik	60	179
Informatik	75	159
Maschinenbau	117	217
Physik	23	40
Verfahrenstechnik	28	49

Insgesamt haben sich 182 Personen direkt auf die Anzeige bezogen: Folgende Struktur läßt sich erkennen:

39% der Anfragen kamen von Schülern, Eltern, Abiturienten
28% von Studenten anderer Hochschulen
 8% von Dienstleistenden (Bundeswehr, Zivildienst)
 5% von Berufstätigen/Azubis
20% machten keine Angabe

Es ist klar, daß für gerade einmal 182 Anfragen, die der Anzeige direkt zuzuordnen sind, Kosten von DM 100.000 sehr viel wären. Da aber die deutliche Erhöhung der Bewerberzahlen von 1995 auf 1996 insbesondere in den Fächern Elektrotechnik und Maschinenbau gegen den allgemeinen Trend an deutschen Hochschulen erfolgt ist, darf man annehmen, daß die Anzeige über die 182 Anfragen hinaus eine Wirkung erzielt hat. Die außergewöhnliche und in dieser Form noch nie dagewesene Aktion hat außerdem deutlich positve Imagewirkungen für die TU erbracht.

Mit der Anzeigenkampagne hat die TU Dresden ein weiteres Mal bewiesen, daß man mit kreativen, mutigen Ideen durchaus die Möglichkeit besitzt, sein eigenes Profil zu verbessern und aber auch Sponsoren eine interessante Plattform zu bieten.

Auch wenn es seitens der Sponsoren durchaus gewünscht war, ihr Gewicht zugunsten der TU zurücktreten zu lassen, ist es nicht unbedingt nötig, daß die 13 Sponsoren doch recht eng gedrängt am Fuße der Anzeige einen sogenannten „Sponsorenfriedhof" bilden. Hier gibt es für die Zukunft noch Optimierungspotentiale in der Umsetzung.

- **Weitere kommunikative Effekte**
Für die Erfolgskontrolle ist es wichtig, die quantitative und qualitative Resonanz des Sponsorship in den Medien zu untersuchen. Die Anzeigenkampagne fand ein breites Interesse in anderen Medien. Die Wertungen gingen dabei überwiegend in eine positive Richtung; die Anzeige wurde als gutes Beispiel für ein gelungenes Zusammenwirken von Wirtschaft und Wissenschaft gesehen.

Die Pressestelle der TU Dresden sowie der zuständige Dezernent wurden zu der Kampagne von folgenden Medien befragt:
- Die Welt
- Focus
- Sächsische Zeitung
- Dresdner Neueste Nachrichten
- Süddeutsche Zeitung
- Tagesspiegel
- Neues Deutschland
- Saarländischer Rundfunk

- Radio Bremen
- Radio Sachsen
- Radio PSR
- Antenne Sachsen
- Radio Dresden

Es wird deutlich, daß die TU Dresden durch die ungewöhnliche Idee der Anzeige und die noch ungewöhnlichere Idee, diese komplett von Sponsoren finanzieren zu lassen, weiter an Profil gewinnen konnte. Diese Anzeigenkampagne ist eines der wenigen Beispiele, in denen ein Hochschul-Sponsoring überregionale Resonanz hervorgerufen hat.

- **Neue Medien**

Die Nutzung des Internet bietet neue Möglichkeiten der Erfolgskontrolle. Die Anzeige war während des Beobachtungszeitraums als Faksimile im Internet zugänglich. Unter der Homepage der TU Dresden wurde außerdem die Möglichkeit eröffnet, zu dieser neuen Form der Studienorientierung/-werbung unmittelbare Kommentare abzugeben. Auch hier überwog bei weitem die Zustimmung.

7 Ausblick

Die Hochschulfinanzierung wird sich in den nächsten Jahren vor allem insofern umstellen, als bei bestenfalls stagnierenden, wahrscheinlich aber weiter sinkenden staatlichen Zuwendungen neue Einnahmequellen erschlossen werden müssen. Dies könnten etwa Studiengebühren, Teilnahmegebühren für Weiterbildungsveranstaltungen, Erträge aus Vermietung und Verpachtung oder eben aus Sponsoring-Projekten sein. Die Hochschulen werden im Zuge der Einführung von Globalhaushalten heute zunehmend in den Stand gesetzt, Einnahmen zu behalten und nach eigenen Vorstellungen darüber zu verfügen. Sie werden so in Märkte (z. B. in der Weiterbildung) vordringen können, für deren Erschließung es bislang keine Anreize gab.

Eine stärkere Kunden- und Marktorientierung wird für die Hochschulen nicht nur Folgen für ihr Selbstverständnis haben. Sie werden vielmehr gezwungen sein, ein eigenständiges Profil zu entwickeln, um sich in den verschiedenen Märkten zu positionieren, sei es bei der Werbung um die besten Studierenden (eine Flexibilisierung des Hochschulzugangs vorausgesetzt!), sei es in der Konkurrenz mit anderen Anbietern in der Weiterbildung, sei es im Bereich des Sponsoring, in dem es gilt, neben dem Sport-, Kultur-, Öko- und Sozio-Sponsoring das Wissenschafts-Sponsoring zu etablieren.

Profilierte Hochschulen mit einer ausgearbeiteten Marketing-Strategie und entsprechenden Organisationsstrukturen werden erhebliche Vorteile im Wettbewerb um Sponsoren haben und gleichzeitig in ihrer Profilbildung von den einzelnen Sponsoringmaßnahmen – und dem damit verbundenen Imagetransfer – profitieren können, so daß sich im Idealfall ein sich selbst verstärkender Kreisprozeß ergibt. Umgekehrt werden Hochschulen, die sich als profillose oder gar intransparente Einheiten darstellen, für Sponsoren unattraktiv bleiben, aber auch in allen anderen Bereichen entscheidend ins Hintertreffen geraten.

Literaturverzeichnis

Berndt, R., Handbuch Marketing – Kommunikation, Wiesbaden 1993.

Bruhn, M. (1987), Sponsoring als Instrument der Markenartikelwerbung, in: Markenartikel, 5/1987, S. 190–198

Bruhn, M. (1987a), Sponsoring – Mäzenatentum oder Schleichwerbung, in: Harvard Manager, 3/1987, S. 46–52

Bruhn, M. (1991), Sponsoring – Unternehmen als Mäzene und Sponsoren, 2. Aufl., Frankfurt 1991

Bruhn, M./Mehlinger, R., Rechtliche Gestaltung des Sponsoring, Band I: Allgemeiner Teil, München 1992

Bruhn, M./Mussler D., Sponsoringfibel – Planung und Durchführung des Sponsoring für Sportvereine, Frankfurt 1991

Drees, N., Sponsoring – eine Begriffsbestimmung, in: Werbeforschung & Praxis 1/1988, S. 23–24

Dreizehnter, S., Partnerschaften brauchen deutliches Profil, in: SPONSOR's 9/1996, S. 34

Drosten, M., Sponsoring nach Maß, in: Absatzwirtschaft, 6/1995, S. 34–40

Gesterkamp, T./Labetzsch, B/Hündgen, G./Orlowski, P./Wimmer, G./Haunert, F., Sozial-Sponsoring, in: Sozialmagazin, 8/1994, S. 21–42

Fritz, W., (1996) Marketing als Konzeption des Wissenschaftsmanagements (Teil I), in: Wissenschaftsmanagement, 1/1996, S. 19–23

Fritz, W., (1996a) Marketing als Konzeption des Wissenschaftsmanagements (Teil II), in: Wissenschaftsmanagement, 2/1996, S. 74–79

Heinz Nixdorf Stiftung/Stifterverband für die Deutsche Wissenschaft, Hochschulreform durch Leistungswettbewerb und Privatisierung?, Essen 1995

Herbert Quandt-Stiftung, Bildungsstandort Deutschland: leistungsfähig und attraktiv genug für ausländische Studenten?, München 1995

Hermanns, A. (1987), Sponsoring – Innovatives Instrument der Kommunikationspolitik im Marketing, in: Wirtschaftsstudium, 8–9/1987, S. 435–441

Hermann, A. (1989), Sport- und Kultursponsoring, München 1989

Hermanns, A. (1991), Zur Problematik der Sponsoring-Kontrolle, in: Werbeforschung & Praxis, 1/1991, S. 29–34

Hermanns, A./Püttmann, M. (1992), Grundlagen, Wirkung und Management des Sponsoring, in: Die Betriebswirtschaft, 2/1992, S. 185–199

Hermanns, A./Suckrow, C., Wissenschafts-Sponsoring: Grundlagen, Verbreitung, Akzeptanz, Perspektiven und Management aus Sicht der Hochschulen und der Unternehmen, Berlin 1995

Meyer, F.J., Erfolgskontrolle ist doch möglich, in: Werben & Verkaufen, 19/1992, S. 96–98

Dr. Mussler & Partner Sponsoring GmbH, Controlling von Sponsoring-Maßnahmen, in: Drosten, M., a.a.O., S. 40

Mussler, D., Organisation und Durchführung des Sponsoring, in: Hermanns (1989), a.a.O., S. 29–38

O.V., Nicht klotzen, sondern kleckern, in: SPONSOR's 9/96 S. 23

Püttmann, M., Das Management von Sponsoring, in: Berndt, R.: a.a.O., S. 649–669, Wiesbaden 1993

Schiewe, K., Sozial-Sponsoring: Ein Ratgeber, Freiburg i. Br. 1994

Schürmann, P., Sponsoring: Unternehmerisches Geldverschenken verliert seine Unschuld!, in: io Management Zeitschrift, 6/1988, S. 296–298

Specht von, A., Sponsorship als Marketinginstrument, in: Markenartikel, 11/1986, S. 514–519

Stegert, H., Finanzierung des Jubiläums, Kombination neuer und bewährter Wege, in: Jubiläumsdokumentation „Projekt Zukunft", Braunschweig 1996

Stifterverband für die Deutsche Wissenschaft, Qualifikationsanforderungen an Hochschulabsolventen – Empfehlungen aus Sicht der Wirtschaft, Essen 1993

Stifterverband für die Deutsche Wissenschaft, Studienreform – Profilbildung – Wettbewerb, Essen 1995

Trogele, U., Strategisches Marketing für deutsche Universitäten: die Anwendung von Marketing-Konzepten amerikanischer Hochschulen in deutschen Universitäten, Frankfurt 1995

Weiand, N.G., Der Sponsoringvertrag, Bonn 1995

Westebbe, A., Corporate Citizenship, zeitgemäßes gesellschaftliches Engagement der Wirtschaft, in: BFS- Informationen 10/1996, S. 13–11/1996, S. 16

Westebbe, A./Logan, D., Corporate Citizenship – Unternehmen im gesellschaftlichen Dialog, Wiesbaden 1995

Wirz, J., Sponsoring – Eine skeptische Einstellung kann durchaus hilfreich sein, in: Marketing Journal, 4/1988, S. 390–395

Wolf, D., Wissenschaftssponsoring, in: Leitfaden Sponsoring & Event Marketing, Düsseldorf Juli 1995, S. F 7.1 1–7

Anhang

mannesmann *mobilfunk*
Stiftung für Forschung

Die Mannesmann Mobilfunk-Stiftung für Forschung in der Mobilkommunikation schreibt ihren ersten

Innovationspreis

aus. Das Ziel der Stiftung ist die Förderung von Forschung und wissenschaftlicher Weiterentwicklung auf dem Gebiet der Mobilkommunikation und die Verbesserung des wissenschaftlichen Austauschs in diesem Bereich.

Der Preis ist mit 30.000 DM dotiert und wird vorzugsweise an Wissenschaftlerinnen und Wissenschaftler aus dem deutschen Sprachraum verliehen. Der Preis kann sowohl einer Einzelperson als auch einer Gruppe auf der Grundlage hervorragender wissenschaftlicher Arbeiten zuerkannt werden. Es können Arbeiten aller Fachgebiete berücksichtigt werden; interdisziplinäre Themen sind besonders erwünscht. Der Preis soll vom Preisträger bzw. von den Preisträgern für die weitere wissenschaftliche Arbeit auf dem Gebiet der Mobilkommunikation verwendet werden.

Die Stifterin behält sich vor, für überdurchschnittliche Arbeiten von Nachwuchswissenschaftlerinnen und -wissenschaftlern zusätzlich einen **Förderpreis** in Höhe von DM 5.000 zu verleihen.

Vorschlagsberechtigt sind die Vertreter wissenschaftlicher Hochschulen, Forschungseinrichtungen und der Industrie innerhalb und außerhalb der Bundesrepublik Deutschland. Über die Vergabe des Preises entscheidet das Kuratorium der Stiftung. Der Rechtsweg gegen die Entscheidung des Kuratoriums ist ausgeschlossen.

Vorschläge für die Preisvergabe sind in vierfacher Ausfertigung vorzulegen. Sie sollten ausführlich begründet sein und mindestens zwei wissenschaftliche Gutachten zum Vorschlag sowie einschlägige Publikationen, den Lebenslauf bzw. wissenschaftlichen Werdegang und eine Kurzdarstellung der in Zukunft geplanten Arbeiten des/der Vorgeschlagenen enthalten.

Die Unterlagen sind bis zum **31. Oktober 1996** einzureichen bei:

Mannesmann Mobilfunk-Stiftung
im Stifterverband für die Deutsche Wissenschaft
z. Hd. Herrn Dr. Ekkehard Winter
Postfach 16 44 60
45224 Essen

Mannesmann Mobilfunk-Stiftung für Forschung in der Mobilkommunikation im Stifterverband für die Deutsche Wissenschaft
Am Seestern 1 · 40547 Düsseldorf · Telefon 02 11/5 33-21 39 · Fax 02 11/5 33-21 54
Kuratorium: Jürgen von Kuczkowski (Vorsitzender), Mannesmann Mobilfunk GmbH
Prof. Dr.-Ing. Gerhard Fettweis (stellv. Vorsitzender), TU Dresden
Dr. Ekkehard Winter, Stifterverband für die Deutsche Wissenschaft

Checkliste
Strategische Planung

1   Strategische Integration:

1.2   Welche Akzeptanzprobleme bestehen an unserer Einrichtung (Hochschule/Fachbereich/Institut/Lehrstuhl) gegenüber Sponsoring bzw. könnten bei dem Sponsoring-Vorhaben auftreten?

1.3   Gibt es ein allgemeines Marketing- bzw. Sponsoring-Konzept an unserer Einrichtung?

1.4   Wenn ja, paßt das Sponsorship zu diesem Konzept?

1.5   Welche Erfahrungen mit Sponsoring gibt es bereits?

1.6   Welches sind die zuständigen Stellen? Ist es erforderlich/sinnvoll/nützlich, das Sponsoring-Vorhaben mit diesen Stellen abzustimmen? Welche Art von Hilfestellung können diese Stellen und andere Organisationseinheiten der Hochschule bieten?

1.7   Wer soll die Koordinierung für das Vorhaben übernehmen (zentral ↔ dezentral)? Soll eine externe Agentur eingeschaltet werden?

2   Ziele des Gesponserten:

2.1   Welche Beschaffungsziele verfolgen wir mit dem Sponsorship?
   ⇨ Finanzleistungen
   ⇨ Sachleistungen
   ⇨ Dienstleistungen
   ⇨ Personalakquisition

2.2   Welche Kommunikationsziele verfolgen wir mit dem Sponsorship?
   ⇨ Kontaktpflege mit der Wirtschaft
   ⇨ Imagepflege/Profilbildung
   ⇨ Steigerung des Bekanntheitsgrades/Werbung um Studierende
   ⇨ Schaffung von Goodwill

2.3   Welche Lernziele verfolgen wir mit dem Sponsorship?
   ⇨ Verbesserung des Projektmanagements
   ⇨ Verbesserung der Öffentlichkeitsarbeit
   ⇨ Bewußtseinsänderung in der Hochschule
   ⇨ Entwicklung eines Marketing-Konzepts

2.4   Wie lang soll die Sponsoringlinie durchgehalten werden (Ziel: Erzielung von Dauerhaftigkeit, auch wenn es zunächst um ein einzelnes Vorhaben geht)?

3 Angebot des Gesponserten/Ziele des Sponsors

3.1 Welches Sponsoring-Objekt schlagen wir vor? Mit welchen Prädikaten läßt es sich allgemein charakterisieren?

3.2 Welches Image haben wir/hat das Sponsoring-Objekt?

3.3 Welche Ziele kann der Sponsor mit unserem Angebot erreichen?
  ⇨ Kontaktpflege
  ⇨ Personal-Marketing
  ⇨ Schaffung von Goodwill
  ⇨ Imagepflege (Unternehmen/Marke/Produkt)
  ⇨ Steigerung des Bekanntheitsgrades
  ⇨ Verbesserung der Unternehmenskultur
  (⇨ *Checkliste Kommunikative Nutzung/kommunikative Unterstützung*)

3.4 Können die einzelnen Leistungsangebote Reaktanzen hervorrufen? Welche Einflußmöglichkeiten dürfen wir dem Sponsor einräumen?
  (⇨ *Checkliste Rechtsfragen*)

4 Gegenleistung des Sponsors:
  Welche Art der Gegenleistung schlagen wir vor?
  ⇨ Finanzielle Mittel
  ⇨ Sachmittel
  ⇨ Einsatz von Produkten des Sponsors
  ⇨ Dienstleistungen
  ⇨ Unterstützung bei der Umsetzung unserer Kommunikationsziele
  ⇨ Secondments
  oder Kombinationen dieser Gegenleistungen

5 Angemessenheit der Gegenleistung/Grobbudgetierung

5.1 Kommunikative Unterstützung:
  ⇨ Kosten der kommunikativen Unterstützung
  ⇨ Kalkulation des Wertes der kommunikativen Nutzung für den Sponsor

5.2 Ergibt sich durch die Kalkulation eine Kostendeckung für das Sponsoring-Objekt?

5.3 Welche Quellen zur Schließung eventueller Deckungslücken gibt es?
  ⇨ Spende/überhöhte Gegenleistung des Sponsors
  ⇨ Angebot zusätzlicher Leistungen, die dem Sponsor berechnet werden
  ⇨ weitere Sponsoren/Förderer
  ⇨ öffentliche Mittel
  ⇨ Vermarktung von Einzelleistungen
  ⇨ Merchandising

Checkliste
Kommunikative Nutzung/kommunikative Unterstützung

1.   Ziele des Sponsors
Habe ich mir zur Auswahl der anzubietenden Kommunikationsmaßnahmen bereits Gedanken über die Ziele des Sponsors gemacht?
(⇨ *Checkliste Strategische Planung*)

2.   Kommunikative Nutzung durch den Sponsor/Kommunikative Unterstützung durch den Gesponserten

2.1   Welche kommunikative Nutzung können/wollen wir dem Sponsor anbieten?
⇨ Markierung von Gegenständen
⇨ Nutzung von Prädikaten
⇨ Titel-Sponsoring
⇨ Kommunikative Auftritte im Umfeld der gesponserten Ereignisse, Einrichtungen oder Projekte
⇨ Einsatz des Gesponserten in der Unternehmenskommunikation
⇨ Herausstellung des Sponsors in der Öffentlichkeitsarbeit des Gesponserten

2.2   Welche Vernetzungsmöglichkeiten können/wollen wir dem Sponsor ermöglichen?
Vernetzung mit
⇨ Werbung
⇨ Messen und Ausstellungen
⇨ Verkaufsförderung
⇨ Public Relations
⇨ Product Publicity
⇨ interner Kommunikation

2.3   Welche Zielgruppen kann der Sponsor mit unserem Angebot direkt/ indirekt erreichen und wie groß/gut definiert sind diese Zielgruppen?
⇨ Zielgruppen in der Hochschule (potentielle Kooperationspartner, Absolventen etc.)
⇨ Mitglieder von Organisationen, die der Hochschule nahestehen
⇨ Fachpublikum
⇨ Kunden
⇨ Öffentlichkeit, insbes. Medienvertreter (lokal/überregional), Meinungsbildner
⇨ staatliche Stellen
⇨ Mitarbeiter

3 Budgetierung

3.1 Wie hoch sind die Kosten der kommunikativen Unterstützung des Sponsors zu veranschlagen?

3.2 Wie hoch ist der Wert der kommunikativen Nutzung des Vorhabens für den Sponsor anzusetzen?

Checkliste
Partnersuche

1   Allgemeine Grundsätze:
Welcher Sponsorentyp (etwa Unternehmensbranche) paßt grundsätzlich zu uns? Wollen wir bestimmte Sponsorengruppen von vornherein ausschließen?

2   Bestehende Kontakte:

2.1   Gibt es bereits Sponsorships an unserer Einrichtung (Hochschule/Fachbereich/Institut/Lehrstuhl)?

2.2   Welche anderen Kontakte bestehen zu potentiellen Sponsoren?
   ⇨ Spender/Unternehmensstiftungen
   ⇨ Förderkreis der Universität
   ⇨ Auftragsforschung
   ⇨ Zulieferer (z. B. Apparatebau, Chemikalien etc.)
   ⇨ Kontakte zu Personen

3.   Bezüge:
Welche Bezüge bestehen zwischen unserer Einrichtung und potentiellen Sponsoren (Branchen)?
   ⇨ Verantwortungsbezug
   ⇨ Regionalbezug
   ⇨ Produktbezug
   ⇨ Imagebezug
   ⇨ Zielgruppenbezug
   ⇨ Kompetenzbezug

4.   Weitere Auswahlkriterien:

4.1   Wie ist die wirtschaftliche Lage der Branche/des Unternehmens?

4.2   Wie groß ist der potentielle Sponsor?

4.3   Was läßt sich über den potentiellen Sponsor noch in Erfahrung bringen?
   ⇨ Ermittlungen hinsichtlich der Erfahrungen mit Sponsoring (auch im Bereich Sport, Kultur etc.)
   ⇨ Ermittlungen hinsichtlich des Vorhandenseins einer Corporate Giving-/Corporate Citizenship-Strategie
   ⇨ Analyse der Werbebotschaften, Geschäftsberichte, Firmenzeitungen etc.
   ⇨ Medienrecherche

4.4 Akzeptanz:
Welche Akzeptanz des Sponsors ist in unserer Einrichtung zu erwarten? Welche bei unseren Zielgruppen und denen des Sponsors?

5 Anzahl der Partner:

5.1 Sollen wir einen oder mehrere Sponsoren für das Vorhaben zu gewinnen suchen?
⇨ Exklusiv-Sponsorship
⇨ Hauptsponsorship
⇨ Co-Sponsorship

5.2 Welche anderen Partner sollen angesprochen werden?
⇨ Spender
⇨ Stifter/Stiftungen
⇨ Drittmittelgeber

5.3 Welche Partnerkombinationen könnten zu Problemen führen, welche Partner schließen sich gegenseitig aus?

Checkliste
Ansprache des Sponsors/Akquisitionskonzept

1. Ansprache

1.1 Welches ist der geeignete Ansprechpartner beim Sponsor? Wie können wir ihn erreichen?

1.2 Gibt es einen Hauptverantwortlichen für Sponsoring-Maßnahmen? In welchem Bereich?

1.3 Haben wir eine Kontaktperson beim Sponsor, die den Boden für unsere Anfrage bereiten könnte?

2. Akquisitionskonzept

2.1 Sind folgende Punkte im Anschreiben berücksichtigt?
  - ⇨ Länge maximal zwei Seiten
  - ⇨ Beschreibung des Hauptnutzens der Zusammenarbeit für den Sponsor
  - ⇨ Begründung für die Auswahl des Partners (Bezüge)
  - ⇨ Vorschlag für das weitere Vorgehen (Nennung von Ansprechpartnern, Terminvorschläge etc.)

2.2 Sind folgende Punkte im Akquisitionskonzept berücksichtigt?
  - ⇨ Beschreibung des Sponsoring-Objekts (Qualität, Besonderheiten, Erfolgsaussichten)
  - ⇨ Beschreibung der gesponserten Einrichtungen, d. h. Hochschule/Fachbereich/Institut/Lehrstuhl
  - ⇨ Angaben zum Corporate Design (Imagebroschüren etc.)
  - ⇨ Darstellung der allgemeinen Sponsoring-/Marketingstrategie des Gesponserten
  - ⇨ Erläuterungen zu eigenen Sponsoring-Erfahrungen
  - ⇨ Verdeutlichung der Absicherung der Akzeptanz beim Gesponserten
  - ⇨ Beschreibung der für den Sponsor erreichbaren Ziele
  - ⇨ Angaben zu den erreichbaren Zielgruppen (Merkmale, Größe etc.)
  - ⇨ Darstellung der Möglichkeiten des Imagetransfers
  - ⇨ Beschreibung des Angebots an kommunikativen Unterstützungsleistungen und weiterer Nutzungsmöglichkeiten des Sponsorships für den Sponsor
  - ⇨ Aussagen zu bestehenden Medienkontakten und erwartetem Medieninteresse
  - ⇨ Angaben zur geplanten Erfolgskontrolle
  - ⇨ Vorstellung eines Finanzplans und der Stellung des Sponsors
  - ⇨ Beschreibung der erwarteten Gegenleistung
  - ⇨ Aufzeigen von Möglichkeiten für eine längerfristige Zusammenarbeit
  - ⇨ Angabe von Referenzen

Checkliste
Rechtsfragen

1   Enthält der Sponsoring-Vertrag alle notwendigen Bestandteile?

⇨ Präambel, die zum besseren Verständnis des nachfolgenden Vertrages die Motivationen und Ziele der Vertragspartner darstellen soll

⇨ Leistung des Sponsors

⇨ Leistung des Gesponserten

⇨ Durchführung des Sponsorship: Hier muß festgelegt werden, auf welche Weise die Leistungen der Parteien im Verlauf der Zusammenarbeit jeweils präzisiert und erbracht werden.

⇨ Stellung des Sponsors: Exclusiv-, Haupt-, Neben- oder Co-Sponsor

⇨ Verhaltensregelungen: Akzeptanz des Sponsorship nach außen, Wohlverhalten und Einflußnahme, die gegenseitige Unterrichtung, Vertraulichkeit und Rechnungslegung

⇨ Persönliche Leistungserbringung und Abtretung

⇨ Haftungsausschluß

⇨ Erfüllungsinteresse

⇨ Sicherheitsleistung

⇨ Vertragsstrafe

⇨ Abtretungsverbot

⇨ Inkrafttreten und Laufzeit des Vertrages

⇨ Optionsrechte für weitere gemeinsame Sponsoring-Projekte

⇨ Kündigung

⇨ Schlußbestimmungen: Für alle Verträge übliche Regelungen über Formerfordernisse, Zugang von Erklärungen, Teilunwirksamkeit, Erfüllungsort, Gerichtsstand u. ä.

2   Wie sind die Sponsoring-Einnahmen nach dem Hochschulrecht zu behandeln?

2.1   Welche Einnahmekonten müssen eingerichtet benutzt werden?

2.2   Wer kann über das Geld formal verfügen?

3   Wie gestaltet sich die steuerliche Behandlung der Einnahmen?

3.1   Muß der Sponsor eine Spendenbescheinigung erhalten?

3.2   Welche Art(en) von Einnahme(n) ist (sind) die Leistung(en) des Sponsors für die Hochschule?

⇨ Einnahmen aus dem ideellen Bereich

⇨ Einnahmen aus Vermögensverwaltung

⇨ Einnahmen aus Zweckbetrieb

⇨ Einnahmen aus sonstigem wirtschaftlichem Geschäftsbetrieb

3.3 Haben wir steuerlich problematische Felder vorab geklärt?
   ⇨ mit der zuständigen Stelle unserer Hochschule
   ⇨ mit dem Sponsor
   ⇨ mit dem Finanzamt

Checkliste
Durchführung und Kontrolle

1 Wer ist innerhalb unserer Hochschule und beim Sponsor für das Projekt insgesamt verantwortlich?

1.1 Wer soll dem zu bildenden Projektteam angehören?

1.2 Haben wird dem Sponsor einen Platz im Projektteam angeboten?

1.3 Brauchen wir weitere Berater, eine Agentur o. ä.?

2. Haben wir sinnvolle Teilprojekte gebildet und Verantwortlichkeiten dafür bestimmt?
   ⇨ Haben wir einen verbindlichen Ablaufplan aufgestellt?

2.1 Sponsoring-Objekt
   ⇨ Haben wir das Sponsoring-Objekt zeitlich und inhaltlich in den Ablaufplan integriert?
   ⇨ Brauchen wir die Mitwirkung/das Know-how des Sponsors?
   ⇨ Haben wir für den Informationsfluß Sponsoring-Objekt – Sponsor gesorgt?

2.2 Pressearbeit
   ⇨ Haben wir das Pressearbeit zeitlich und inhaltlich in den Ablaufplan integriert?
   ⇨ Brauchen wir die Mitwirkung/das Know-how des Sponsors?
   ⇨ Durch welche Medien können wir die anvisierten Zielgruppen erreichen?
   ⇨ Haben wir wichtige Meinungsbildner mit Informationen versorgt?
   ⇨ Haben wir dafür gesorgt, daß alle Artikel gesammelt werden, um bei einem späteren Objekt als Referenz dienen zu können?
   ⇨ Haben wir dafür gesorgt, daß die Bedeutung des Sponsors auch im redaktionellen Teil gewürdigt wird?

2.3 Werbliche Präsenz
   ⇨ Haben wir die werbliche Präsenz zeitlich und inhaltlich in den Ablaufplan integriert?
   ⇨ Brauchen wir die Mitwirkung/das Know-how des Sponsors?
   ⇨ Haben wir die individuellen Möglichkeiten der Nutzung durchdacht?
     • Persönlicher Auftritt des Sponsors, z. B. in einer Vorlesung,
     • Verwendung von Produkten des Sponsors
     • Anbringung von Werbemitteln (Plakate, Stellwände, Aufkleber etc.),
     • Anzeigen in Programmheften u. ä.,
     • Logos auf Plakaten, in Programmheften, in Büchern etc.,

- Hospitality-Maßnahmen
- Zusatzaktivitäten (Verlosungen, Spiele, Promotions).

⇨ Haben wir unsere Vorstellung von werblicher Präsenz mit denen des Sponsors abgeglichen?

⇨ Haben wir an interne Reaktanzen gedacht?

2.4 Betreuung des Sponsors

⇨ Ist die Betreuung auch dann gesichert, wenn keine weitere inhaltliche Zusammenarbeit nötig ist?

⇨ Sind Maßnahmen zur Erreichung einer langfristigen Bindung des Sponsors an die Hochschule getroffen worden?

⇨ Ist neben der sachlichen Ebene auch an die emotionale Seite des Sponsors gedacht worden?

⇨ Gibt es neben dem eigentlichen Entscheider weitere Personen, die beachtet werden müssen?

2.5 Kontrolle des Sponsorship

⇨ Ist die zeitliche und inhaltliche Integration in den Ablaufplan gesichert?

⇨ Ist die Mitwirkung/das Know-how des Sponsors gesichert?

⇨ Ist die für eine Kontrolle notwendige Aufnahme des Ist-Zustandes durchgeführt?

⇨ Ist die abschließende Erfolgskontrolle integraler Bestandteil der Vereinbarung?

⇨ Können Sondervergütungen durch das Angebot einer Erfolgskontrolle erzielt werden?

⇨ Ist bei langfristigen Vorhaben die ständige Kontrolle und Verbesserung der Zusammenarbeit im Rahmen des Audit gesichert?

⇨ Sind die Ziele der Hochschule/des Sponsor erreicht worden?

⇨ Können aus den Erfahrungen Schlußfolgerungen gezogen werden?

⇨ Standen Aufwand und Ertrag für das Sponsorship in einem angemessenen Verhältnis?

⇨ Ist an ein Abschlußgespräch zwischen einem hochrangigen Vertreter der Hochschule und dem Sponsor gedacht worden?

2.6 Sonstige Teilprojekte

⇨ Wie können wir externes Know-how integrieren?